BIARD D'AUNET

APRÈS LA GUERRE

LA
POLITIQUE
ET LES
AFFAIRES

PARIS
LIBRAIRIE PAYOT & Cⁱᵉ
106, BOULEVARD SAINT-GERMAIN, 106

Librairie PAYOT et Cie, Paris, 106, Bd St-Germain

Imprimerie E. Durand, 19, rue Séguier, Paris

LA POLITIQUE

ET LES AFFAIRES

BIARD D'AUNET

APRÈS LA GUERRE

LA POLITIQUE
ET
LES AFFAIRES

PARIS
LIBRAIRIE PAYOT & Cⁱᵉ
106, BOULEVARD SAINT-GERMAIN

1918
Tous droits réservés

En hommage amical

A MONSIEUR GABRIEL LAFFAILLE,
DIRECTEUR DE « HORA »

I

LES DONNÉES DU PROBLÈME

Au cours d'un ouvrage écrit pendant la seconde année de la guerre (1), j'ai étudié la situation économique
de notre pays et l'état des organisations dont il disposera pour assurer son avenir après la conclusion de la
paix. J'ai indiqué l'insuffisance de çes organisations et
les causes de leur faiblesse.

L'accueil bienveillant fait à ce travail m'a engagé à
le compléter en abordant au point de vue objectif le
problème de la reconstitution de la fortune de la
France, à cette époque décisive de son histoire. L'examen des circonstances extérieures, et leur rapproche-

---

(1) *Pour remettre de l'ordre dans la maison.* Préface de
M. Etienne Lamy, de l'Académie française (ouvrage couronné par l'Académie des Sciences morales et politiques. Prix
Audiffred, 1917). Payot et Cie, Paris, 4 fr.

ment des circonstances intérieures constituant l'état de
nos moyens d'action, devaient me conduire, et m'ont
conduit en effet, à des déductions d'ordre positif pouvant servir de bases à une réorganisation rationnelle
des activités nationales.

⁂

Sur la nécessité de cette réorganisation, les avis sont
unanimes. Instruit par les révélations de la guerre, le
peuple français a pris conscience des dangers d'une
politique ne s'inspirant pas uniquement de l'intérêt général du pays. Il s'est d'abord aperçu que nous étions
mal préparés pour soutenir une lutte dont l'éventualité
était au moins probable. Ensuite, le cours des événements lui a démontré que nous n'étions pas mieux préparés pour maintenir notre rang dans la concurrence
universelle en temps de paix. Aussi comprend-il aujourd'hui que l'heure est venue de choisir une orientation nouvelle. Cependant, la masse de la nation reste
indécise, parce que son ignorance des réalités contemporaines la rend incapable de s'y adapter résolument.

Sa conception du patriotisme n'est encore bien nette
que sur le devoir de voler à la frontière pour repousser
l'envahisseur. Les Français entrevoient maintenant

l'étroitesse de cette conception, mais non pas au point d'abandonner tout d'un coup les vieilles habitudes qui leur sont chères, les défauts qu'ils croyaient être des qualités, et les formules décevantes, depuis si longtemps offertes à leur crédulité. Il faut aider l'évolution de cette mentalité nouvelle. Une paix victorieuse n'écartera pas tous les périls au-devant desquels nous nous laissions entraîner. Elle ne nous donnera que les moyens de les conjurer. Il reste à sortir du domaine des improvisations, des théories et des hypothèses, pour entrer dans celui des constatations; à passer de la connaissance des faits à leurs inévitables conséquences; puis à conclure impartialement, honnètement, rigoureusement. Enfin, la voie tracée, agir.

Quelle est la condition première de cette action? Celle qui résulte d'un fait général, constaté par l'expérience, vérifié, hors de chez nous, par la contre-expérience : la nécessité de la conciliation entre la politique et les affaires. Sans elle, nous retomberions dans la paralysie progressive, et le fruit de nos sacrifices serait perdu.

N'entretenons aucune illusion à ce sujet. Aussi bien dans l'intérêt de la paix durable que dans celui de notre puissance économique, se résumant tous deux dans l'intérêt de notre *sécurité,* la politique de la France doit être une politique de production et d'exportation. En dépit de tout ce qu'on a pu et pourra dire de l'influence des sentiments dans les relations entre les peuples, leurs relations fondamentales sont les relations économiques. Les gouvernements peuvent et doivent avoir entre eux des relations d'amitié, tout au moins de courtoisie. Mais les gouvernements ne produisent ni n'exportent. Or, au lendemain de la guerre, une concurrence économique d'une sévérité sans précédent régnera dans le monde entier. Les belligérants de la veille voudront refaire leur fortune; les neutres, profiter d'une situation intacte. L'horreur de la guerre et l'attrait des richesses se prêteront un mutuel appui pour concentrer l'activité de toutes les nations sur les industries, le commerce et la mise en valeur des pays neufs. La brutalité des chiffres se substituera à la brutalité des obus. La pénétration internationale des courants d'échanges et de mouvements de capitaux s'exercera à l'avantage des productifs, au détriment des improductifs. Les alliances instituées sur des bases sentimentales se dénonceront d'elles-mêmes si l'intérêt réciproque ne les soutient de sa puissante armature; et cet intérêt ne peut être réciproque qu'entre puissances dont les forces économiques seraient, sinon équivalentes, au moins comparables entre elles, en activité et en qualités.

L'accord de la politique et des affaires est donc la condition première de toute action rénovatrice. Mais, avant d'en poursuivre la réalisation, il faut le définir. Depuis trop longtemps, en France, les mots sont détournés de leur sens naturel. La politique est « la science de l'intérêt général », et non pas l'art d'acquérir ou de conserver une situation, qu'il s'agisse d'un homme ou d'un parti. Les « affaires » ne sont pas les combinaisons destinées à mettre des centaines de millions d'argent français à la disposition de gouvernements turcs, grecs ou bulgares, mais celles qui doivent assurer « la meilleure utilisation du travail national dans l'intérêt de la nation ». De même, l'accord de la politique et des affaires ne consiste pas à obtenir en faveur de sympathiques financiers — qui ne sont pas toujours des compatriotes — des concessions de ports, de quais ou de chemins de fer, en des pays étrangers — qui ne sont pas toujours des pays amis.

Quand on aura dissipé ces équivoques voulues, l'opinion publique ne tardera pas à discerner le rôle qui convient à la politique dans ses rapports avec les affaires de la nation, lequel est celui de protectrice et d'auxiliaire, non celui de pourvoyeuse, encore moins de directrice. Autant que durera la période d'âpre concurrence universelle, née des désastres et des ébranlements de la guerre, — et elle peut être longue, — les nécessités d'ordre commercial s'imposeront, comme s'imposent en la période actuelle les nécessités d'ordre militaire, ajournant à des temps moins troublés l'application des théories philosophiques sur le gouvernement des peuples.

Ce sont là des vérités certaines, que les pays soucieux du maintien de leur indépendance devront reconnaître, demain plus qu'à toute autre époque, en subordonnant leur politique nationale, tant à l'intérieur qu'à l'extérieur, au développement de leur pouvoir de production et de leur expansion commerciale. Elles ne s'opposent nullement aux aspirations vers l'idéal de justice et de liberté qui est celui de toutes les vraies démocraties, ni aux tendances à la suppression définitive des conflits armés et à la fraternité des peuples. Malgré les terribles leçons de l'heure présente, il serait criminel de décourager les unes ou les autres. Mais ces généreuses intentions ne possèdent pas en elles-mêmes la puissance de se réaliser par une soudaine transformation de nos habitudes et de nos mœurs.

Ni résolutions, ni arrangements diplomatiques, ni manifestations populaires ne peuvent abolir, dès aujourd'hui, dans les rapports internationaux, le fait de la concurrence universelle, que nous retrouverons après la guerre plus active qu'elle ne l'était auparavant. Nous y apporterons, entre amis comme entre anciens alliés, un esprit plus conciliant et des vues moins étroites. Nous rejetterons la conception déplorable, assimilant la concurrence à une bataille pour la suprématie. C'est la conception allemande. Elle fut la cause du désastre dont nous sommes frappés. Nous reconnaîtrons le caractère bienfaisant de ces rivalités dont l'objet et le résultat ne sont, en somme, que le partage volontaire entre les peuples civilisés, suivant les besoins de chacun d'eux, des produits de l'activité humaine, et chercherons de bonne foi à rendre ce partage aussi aisé et avantageux que possible aux autres comme à nous-mêmes. Cependant, la concurrence internationale sur tous les marchés du monde subsistera. Ne pouvant s'y soustraire, sous peine d'irrémédiable déchéance, la France a le devoir de s'y préparer, et il n'en est pas de plus impérieux.

⁂

Quelques chiffres aideront à apprécier l'ampleur et les difficultés de cette tâche.

On se souvient encore de l'étonnement un peu ironi-
que avec lequel fut accueillie en France, aux derniers
mois de l'année 1914, l'opinion exprimée par certaines
personnes au sujet de la durée probable de la guerre.
« En voilà au moins pour trois ans », disaient-elles.
Cette prévision, formulée surtout parmi nos alliés anglais, semblait reculer la fin du conflit au delà des
limites du possible. Au moment où j'écris ces lignes,
on va entrer dans la seconde moitié de la quatrième
année de guerre, et la résistance de nos ennemis est
loin d'être brisée.

Or, vers la même époque, les spécialistes les plus
autorisés s'effrayaient déjà des conséquences économiques d'une lutte accompagnée de formidables dépenses
et de la destruction de richesses accumulées par des
siècles de féconde activité. Prudemment, ils supposaient
que la paix ne serait peut-être pas signée avant l'au-
tomne de 1916. Chez nous, les frais de la guerre dépassaient alors un milliard par mois, c'est-à-dire plus du
double de notre budget du temps de paix, si difficile
à équilibrer. Notre circulation de billets de banque à
cours forcé avait atteint 10 milliards (contre 6 milliards
en juillet 1914), garantie par une encaisse d'or d'environ 4 milliards. Les avances de la Banque de France à

l'Etat s'élevaient à 3 milliards et demi. Les fonds publics se capitalisaient à 4 0/0 (3,5 0/0 en Angleterre). Un découvert d'une trentaine de milliards s'annonçait certain, dans l'hypothèse d'une paix victorieuse à la fin des deux années de guerre.

Cette situation justifiait les inquiétudes des économistes assez avertis pour ne pas considérer les dépenses de guerre comme de simples déplacements de la richesse acquise. La conversion de cette richesse en fumée n'est pas un déplacement. L'argument tiré de ce que « l'argent reste dans le pays », au moins pour la plus grande partie, n'est valable que dans une faible mesure. Il n'est certes pas indifférent d'emprunter les ressources nécessaires chez soi ou chez les autres; mais pour tous les citoyens le poids des impôts qu'il faudra lever afin de servir les intérêts de la dette sera le même, que cette dette ait été contractée à l'intérieur ou à l'extérieur. La planche aux assignats peut être une planche de salut. Elle n'en est pas moins un instrument de ruine; et l'Allemagne, qui n'a presque rien emprunté dehors, parce qu'elle n'y a point trouvé de crédit, n'en est pas moins acculée à la faillite.

Il n'y avait donc aucun doute, dès le début de l'année 1915, sur la sévérité de la crise que nous aurons à subir après la conclusion de la paix. On espérait toutefois la voir atténuée par l'encaissement d'une grosse indemnité qui serait payée par les puissances centrales, et permettrait d'alléger sensiblement les charges de l'avenir.

A l'heure actuelle, nos dépenses de guerre dépassent largement 3 milliards par mois. Il y faut ajouter, en déficit net, la différence entre la somme des autres dépenses et le produit des recouvrements du trésor. Ce dernier (4 milliards et demi en chiffre rond) est absorbé par le service de la dette, et bientôt n'y suffira plus. La circulation des billets de banque est de 22 milliards. Un décret du 10 septembre 1917 autorise à la porter à 24 milliards, et l'encaisse or de la Banque ne s'est accru que de 1 milliard. Les avances à l'Etat s'élèvent à 15 milliards. Les fonds publics se capitalisent à près de 6 0/0 (4,6 0/0 en Angleterre). Le découvert certain, en supposant la guerre terminée au printemps prochain, ne peut être au-dessous de 110 milliards (1), non compris notre dette antérieure, d'environ 35 milliards.

---

(1) Par une note remise au Gouvernement de Washington, en août 1917, M. André Tardieu, commissaire français aux Etats-Unis, constatait que nous avions dépensé, depuis le début de la guerre, 82 milliards. Donc, en mai 1918, nous aurons dépensé plus de 110 milliards.

L'espoir subsiste de réparer aux frais de l'ennemi les dommages matériels résultant de son occupation d'une partie du territoire français, des vols et déprédations qu'il y a commis, et de la destruction, contrairement au droit reconnu, d'un grand nombre de nos bâtiments de commerce. Mais nous ne pouvons plus compter sur une « indemnité » compensatrice de nos dépenses.

Ce dernier point est contesté, surtout depuis la déclaration de guerre des Etats-Unis à l'Allemagne. Il est pourtant peu contestable.

Je ne fais pas ici allusion à la formule « sans annexion ni indemnité », chère aux pacifistes intransigeants, mais trop imprécise pour servir de base à des négociations sérieuses. La question des indemnités n'est pas celle de savoir si l'on voudra les réclamer, mais si l'on pourrait se les faire payer. Quand l'Allemagne s'avouera vaincue, les frais de la guerre s'élèveront, pour l'ensemble des nations du groupe de l'Entente, à un chiffre si énorme que le total des ressources encore disponibles, et réalisables (en une période pas trop longue), des puissances centrales n'en pourrait couvrir qu'une minime partie. Cependant, l'entrée en scène des Etats-Unis aurait, dit-on, rendu possible un arrangement par lequel les puissances européennes

alliées recevraient une somme assez considérable pour
comprendre, outre la réparation des dommages matériels, une substantielle indemnité couvrant une
fraction importante de leurs dépenses de guerre. La
combinaison repose sur le fait de l'accumulation de l'or
aux Etats-Unis, résultant des achats qui leur ont été
faits depuis le commencement des hostilités. L'Améri-
rique, pour se débarrasser de ce stock dépassant de
beaucoup ses besoins, se constituerait créancière de
l'Allemagne et verserait aux Alliés le montant des sommes exigées par eux, sauf à s'en rembourser ainsi
qu'elle aviserait sur les puissances centrales.

Une opération de ce genre est, en effet, dans les
probabilités, quoique les garanties *réelles* du « rembour-
sement » aux Etats-Unis soient assez difficiles à trouver. Mais il est bien douteux qu'elle puisse s'étendre
au delà d'une partie des « réparations » des dommages
matériels, qui ont atteint un chiffre déjà très élevé. La
pléthore de métal jaune n'est plus aussi gênante en
Amérique qu'elle l'était en 1916. A la fin du mois
d'août 1917, les exportations d'or y balançaient presque
les importations, et, à cette même date, le gouvernement
ajoutait l'or monnayé et en barres à la liste des articles
dont l'exportation en Europe n'est autorisée que moyen-

nant une licence. La participation des Etats-Unis à la guerre ne peut qu'accentuer ce mouvement d'exportation de numéraire.

Sans mettre en doute le bon vouloir et la largeur de vues de nos nouveaux alliés, il serait téméraire de leur prêter l'intention d'avancer à l'Allemagne, ou à ce qui en restera, des sommes vraiment colossales, à moins qu'on ne nous demande de joindre nos signatures à la sienne. Dans cette dernière et peu vraisemblable hypothèse, les inconvénients de la combinaison en dépasseraient peut-être les avantages.

C'est ici le cas de redire, avec le fabuliste :

« Ne t'en fie qu'à toi-même est un commun proverbe. »

Acceptons les faits; et pour reconstituer la fortune nationale, préparons un effort d'intelligence, d'énergie et de patience, au moins égal à celui qu'en bravoure, patriotisme et abnégation, le peuple français a donné pendant toute la durée de cette lutte gigantesque.

♣

Dès lors se pose une question. Les circonstances n'ont-elles pas placé devant nous des obstacles insurmontables? La victoire est un magnifique réconfortant.

Mais, peut-on se demander, serons-nous assez forts, au sortir d'une pareille épreuve, pour entrer en lice contre de redoutables compétiteurs, moins affaiblis que nous par la guerre, et dont les progrès, avant la guerre, étaient plus rapides que les nôtres?

S'il en était ainsi, il faudrait nous résoudre à subir les « pénétrations pacifiques » de nos amis d'abord, puis des autres, et, protégeant à grand'peine nos industries chancelantes, accepter, avec ses amertumes et ses risques, le rôle effacé d'une puissance de second ordre. Serait-ce là le sort réservé, imposé à notre pays, après la Marne, après Verdun, après la victoire si chèrement acquise? C'est donc que nous l'aurions voulu; car un inventaire impartial et complet des *possibilités* de notre territoire et de notre empire colonial démontrerait que, dans l'état actuel des sciences appliquées à la production industrielle et agricole, nous possédons en abondance les éléments d'une richesse comparable à celle de nos plus heureux rivaux. Si ces derniers nous ont distancés pendant le demi-siècle qui a précédé la guerre, c'est uniquement parce que la nation française n'a pas appliqué ses facultés à conserver son rang dans la concurrence universelle. Il fallait exalter l'esprit de production, nous étions esclaves de l'esprit de répartition.

Nous avions besoin d'un mécanisme administratif souple, adapté aux réalités de notre époque; nous nous sommes servis d'une vieille machine fabriquée par Napoléon, que nous avons alourdie, compliquée à plaisir, après avoir supprimé le pouvoir personnel pour lequel elle avait été conçue et construite. Nous y avons ajouté le non-sens de l'irresponsabilité bureaucratique combinée avec le non-sens des cloisons étanches entre les administrations d'Etat. Nous avons organisé le gouvernement des affaires publiques sur la base de l'exclusion des compétences. Entichés de nivellement, nous avons confondu l'égalisation avec l'égalité. Enfin, par une aberration singulière, ne parvenant pas à concilier les principes de liberté et d'autorité, nous les avons sacrifiés tous les deux, à tel point qu'aujourd'hui même, en pleine guerre, vous pouvez chercher en France un homme ayant le droit de donner un ordre, vous ne le trouverez pas. Comment aurions-nous pu nous maintenir à la hauteur de nos concurrents dans les voies encombrées des progrès économiques?

Et pourtant, avec un outillage mesquin et démodé, des colonies étouffant sous la tutelle administrative de la métropole, une absence totale d'organisation productrice, un régime fiscal instable et débilitant, nous n'avons cédé le terrain que pied à pied à nos compétiteurs. La France portait, non allègrement, mais tout de même elle portait, grâce à ses ressources naturelles, à l'habileté de ses ouvriers, à la ténacité de ses paysans, aux qualités d'application et d'ingéniosité de sa laborieuse population, le poids d'un budget de 5 milliards et demi. Elle soutient encore, après bientôt quatre ans de guerre, le fardeau de charges accablantes.

Supposez ce pays organisé pour la production, disposant d'un outillage national moderne, servi par un gouvernement préoccupé avant tout de son avenir économique, et lancé quarante ans plutôt à la recherche des procédés les plus perfectionnés, des meilleures méthodes commerciales, des innombrables débouchés offerts par l'expansion des besoins dans le monde entier. Il eût donné le spectacle d'une prospérité plus solidement assise que celle de la trop ambitieuse Allemagne.

La France n'avait qu'à vouloir. Elle n'a encore qu'à vouloir. Si elle *veut,* elle peut tout espérer.

♣

La première manifestation de cette volonté doit être de n'écouter que les conseils du bon sens.

Je m'explique. Nombreux sont les esprits distingués

dont nous avons déjà reçu les avis. Ils ont signalé, et
signalent chaque jour, les faiblesses de notre organisation et les dangers résultant de nos mauvaises habitudes. On réclame d'abord la réforme de nos mœurs
politiques et de nos usages parlementaires, puis des
mesures favorisant l'accroissement de la natalité; d'autres s'attaquant à l'alcoolisme, d'autres développant
l'enseignement technique. Il faut aussi, disent ces bons
patriotes, tracer un plan d'aménagement de l'outillage
national, améliorer nos moyens de transport, constituer
une puissante marine de commerce, préparer les accords futurs avec nos alliés, créer au service du commerce et de l'industrie de bons instruments de crédit,
tourner nos regards et nos activités vers les marchés
extérieurs, imposer à notre représentation officielle à
l'étranger le devoir de servir plus utilement les intérêts
français, donner à l'exploitation de nos colonies un
vigoureux effort, etc... Ne trouvant pas dans l'arsenal
rouillé de nos moyens habituels de quoi mener à bien
une œuvre si difficile, ils ne manquent pas d'ajouter
qu'il faut un changement de conceptions et de méthodes,
un esprit public clairvoyant, un concours de toutes les
bonnes volontés... Que ne faut-il pas!

Je crois pouvoir dire ce qu'il ne faut pas. C'est de

croire à l'influence des exhortations. Elle peut avoir, dans le domaine de la morale, une certaine autorité. Elle n'en a point, ou guère, dans celui de la politique et des intérêts. L'énumération des symptômes d'un état morbide n'en indique pas le remède. Toute tentative de guérison doit être précédée d'un travail d'observation et d'analyse. Il s'agit ici d'arriver d'abord à la connaissance des conditions extérieures parmi lesquelles le pays est appelé à vivre, ensuite à celle des changements à apporter aux conditions intérieures dans lesquelles il a contracté son infirmité. Prétendre maintenir celles-ci et en obtenir de meilleurs résultats est simplement absurde.

Le problème à résoudre, bien que très complexe, consiste donc essentiellement dans la recherche de conditions intérieures nouvelles en harmonie avec les conditions extérieures.

Or, nous sommes libres de créer ces conditions intérieures nouvelles; libres, en ce sens que cela est *possible,* tandis qu'il ne l'est pas de faire produire aux mêmes causes des effets différents. Oui, nous *pouvons* créer un milieu où le tempérament national, — qui est, notre histoire le prouve, d'une surprenante mobilité dans ses manifestations, — s'orienterait dans des voies tout autres, et plus heureuses que celles où il était engagé dans ces derniers temps.

Mais qui instituera ces conditions nouvelles, directrices des volontés et des intelligences? Ce ne sont pas les hommes qui ont pratiqué, défendu la politique de la production restreinte. Ce ne sont pas ceux dont l'idéal était d'user les énergies de la nation en disputes stériles. « Nous », c'est l'ensemble des hommes destinés, par le travail de leurs cerveaux et de leurs mains, à être les artisans de notre rénovation; autrement dit les producteurs et les collaborateurs de la production. Il resterait à trouver un mobile assez puissant pour les décider à l'action si le plus puissant de tous, l'intérêt, ne les y portait pas. Heureusement, leur intérêt se confond aujourd'hui avec celui de la nation.

J'exposerai plus loin comment, par l'organisation et la représentation des intérêts collectifs et nationaux, les conditions nouvelles de l'organisation générale intérieure de la France peuvent s'adapter aux conditions extérieures auxquelles sa vie, en tant que nation, est subordonnée. Mais, comme je viens de le dire, il faut procéder d'abord à l'examen de ces conditions extérieures. C'est ce que j'ai tenté de faire dans les chapitres suivants.

II

LES CONDITIONS NOUVELLES
DU COMMERCE INTERNATIONAL

Les conditions actuelles du commerce international
— ou plus exactement des relations internationales
d'échange de produits — se classent en trois catégories
très distinctes :

1º Celles qui de tout temps ont régi tout commerce;
principes immuables fondés sur les instincts et les besoins permanents de l'homme, quel que soit son degré
de civilisation.

2º Celles qui résultent de l'évolution des besoins des
individus, de la croissance de ces besoins en nombre
et en intensité. Cette évolution, actionnée par les progrès scientifiques, notamment par ceux de la facilité des
transports et des communications de la pensée, se mani-

feste par l'emploi de méthodes nouvelles, la multiplicité et la complexité des produits, la tendance à l'unification des marchés, c'est-à-dire des prix sur les marchés
différents, enfin par le rapprochement des niveaux
intellectuels et de bien-être matériel des diverses classes
d'individus participant à la production et au mouvement
des échanges.

3° Celles que l'ébranlement de la guerre a créées.
Leur caractère est accidentel. Mais la commotion est
assez violente pour avoir introduit dans les relations
économiques internationales un facteur de perturbation
qui les dominera pendant une vingtaine d'années au
moins et se fera sentir encore longtemps après.

Toute tentative ayant pour but de franchir la période
de crise qui suivra la conclusion de la paix, en préparant
l'action économique du pays pour les périodes ultérieu-
res, devra tenir compte de l'ensemble de ces conditions.
La supériorité appartiendra aux peuples qui auront su
le mieux les concilier, et les perspectives les plus larges
s'ouvriront à ceux qui n'auront pas sacrifié le permanent
à l'accidentel. « A la longue, le principe méconnu se
venge de ceux qui, d'abord, en ont profité. » Le mot est
de Napoléon, qui l'appliquait aux succès militaires. Il
est vrai aussi, plus vrai peut-être, en matière écono-

mique. De plus, cette conciliation du permanent et de
l'accidentel n'offrira des garanties de durée que si l'organisation intérieure du pays se prête aux circonstances
de l'évolution des rapports d'échanges. D'où résulte
que l'influence de ceux qui créent, maintiennent et développent ces rapports, doit être prépondérante dans les
conseils du gouvernement en ce qui touche aux intérêts
de la fortune publique.

*
**

Les principes fondamentaux du commerce international ont été souvent ignorés, mais ce fut toujours volontairement, sous la pression d'intérêts particuliers. Ils se
résument ainsi :

1º Il n'existe pas de rapports commerciaux *entre
pays,* mais uniquement des déplacements de marchandises. Les mots « importation » et « exportation » dési-
gnent le sens de ces déplacements. Mais les importations
dans un pays étant les exportations d'un autre, il y a
toujours balance exacte entre celles-ci et celles-là dans
le mouvement total des transactions de l'ensemble des
pays commerçants. Le *commerce* international, comme
le commerce national, se fait entre individus ou entre
associations commerciales d'individus. Les gouverne-

ments (sauf le cas très exceptionnel de vente de territoires) ne font jamais acte de commerce. Si, pour répondre à des besoins nationaux, ils achètent des produits (vivres, matières premières, munitions, etc...).
c'est à des particuliers. Les gouvernements ne sont
commercialement parlant, que des consommateurs. Ce
que, par abréviation, on appelle le commerce entre deux
pays n'est autre que la constatation statistique du volume ou de la valeur du total des échanges effectués
entre les personnes résidant sur leurs territoires respectifs. Cet élément statistique, accompagné de beaucoup
d'autres, entre dans la balance économique, laquelle
donne la mesure des fluctuations d'appauvrissement ou
d'enrichissement de chaque nation. Une balance économique favorable correspond souvent, — et dans les pays
d'Europe, le plus souvent, — à une balance commerciale défavorable, en temps normal.

2° Dans le mouvement général des transactions,
au delà comme en deçà des frontières d'un pays, les
achats ne sont, — toujours en temps normal, — que des
contre-parties de vente et réciproquement. Le commerce
international est donc un échange ininterrompu de *services réciproques*, et cet échange s'arrêterait instanta-
nément, en dépit de toute autorité, si les populations de

chacun des pays qui y prennent part ne trouvaient de
leur intérêt de le continuer. D'où résulte que tout ce qui
facilite ces échanges est utile, et tout ce qui y met obstacle, nuisible.

3° Enfin, conséquence de ces deux principes, l'énergie industrielle, l'habileté commerciale et l'organisation
rationnelle des moyens de transport, sont les seules
bases solides de la prospérité d'une nation, quel que
soit son régime politique. Aucune législation, aucune
combinaison fiscale, aucun système financier, ne les peuvent remplacer.

Ces principes, il est vrai, n'ont été nulle part, ni à
aucune époque, appliqués intégralement, parce que cette
application intégrale correspondrait aux besoins d'une
société idéale où le bon sens régnerait sans partage, où
derrière les frontières politiques ne s'agiteraient pas
des méfiances et des convoitises. La saine politique commerciale a toujours consisté dans le respect de ces
règles immuables, mais en tenant compte des circonstances de fait qui s'opposent à la liberté complète, universelle, des échanges, sans restrictions, charges, ni
préférences. Et la preuve que la *méfiance internationale*
seule provoque et justifie ces restrictions est dans le
fait que tous les pays, même ceux d'une immense éten-

due, ont supprimé les barrières intérieures et réalisé le libre-échange sans aucune entrave sur leur propre territoire.

Certaines nations ont eu la sagesse de ne restreindre la liberté du commerce international que dans la mesure réclamée par des nécessités d'ordre budgétaire. L'accroissement de leur fortune et de leur crédit les en a récompensées. D'autres ont répudié les principes de la concurrence pacifique et lui ont substitué l'idée de conquête. Allant jusqu'aux dernières conséquences de leur néfaste théorie, elles ont érigé en dogme l'impérialisme économique. La fin justifiant, à leur avis, les moyens, elles ont eu recours à la déloyauté, à l'espionnage, à l'abus de confiance, au vol des marques de fabrication, à l'hypocrisie des naturalisations à double face. Cette déviation du sens moral ne tarda pas à prendre un caractère morbide. Impatientes de briser les résistances et de satisfaire leur furieux esprit de domination, elles firent appel d'abord à l'intimidation, puis à la force, suprême argument de longue main préparé pour le couronnement de l'œuvre. La guerre européenne est l'aboutissement de cet abandon de la morale économique. En d'autres pays on avait commencé aussi à s'en écarter, par un mouvement d'instinctive défense;

3

mais l'Allemagne, ardente devancière, l'avait reniée en bloc, avec une tranquille audace.

Le résultat fut l'irrésistible coalition de presque tous les peuples chez lesquels la santé morale existait encore. « Le principe se venge. » Mais le spectacle de l'ilote ivre nous doit donner à réfléchir. Il est temps de reprendre pied sur un terrain stable. En cette matière, il n'en est qu'un : celui des facultés qui dérivent d'abord des conditions et ressources *naturelles* du pays, et ensuite du fait que la rivalité commerciale est une question d'outillage et d'organisation, liée à celle de l'organisation des forces financières.

Les *cartels*, les *trusts*, le *dumping*, les syndicats d'accaparement, les monopoles de production, avec ou sans le concours des Etats, et tous les procédés reposant sur la coercition ou y aboutissant, ne sont et ne seront jamais que des expédients. Si, après avoir créé une apparence de prospérité générale et fait éclore quelques scandaleuses fortunes, ils ne disparaissent d'eux-mêmes, la puissance de la loi d'équilibre économique les détruira fatalement, par la ruine ou par la force, alors même que l'Etat se serait fait complice de ces combinaisons artificielles. Une erreur bien dangereuse paraît se répandre aujourd'hui, confondant l'expédient et l'or-

ganisation, l'assistance de l'Etat et la direction des affaires des citoyens prise par l'Etat. Il semble qu'on veuille,
d'un seul bond, passer (en matière économique) du
règne de l'individu au règne de la collectivité. C'est une
erreur grossière. L'ère actuelle n'admet ni le règne de
l'individu, désormais périmé, ni celui de la collectivité
étatiste, impraticable. La puissance économique est, de
nos jours, aux mains de l'association libre, qui n'est pas
un individu, mais, selon le langage juridique, une personne, soumise comme le serait un individu, à toutes
les conséquences et répercussions de l'autorité des lois
économiques.

.*.

L'ÉVOLUTION DU COMMERCE INTERNATIONAL
INDÉPENDAMMENT DE LA GUERRE

Mais, sous l'égide des principes qui continuent et continueront toujours de gouverner les transactions entre
les hommes, une évolution pourtant s'accomplit, modi-
fiant sans cesse le fonctionnement du commerce international. La France n'a pas suivi de près cette évolution
qui, arrêtée par la guerre, reprendra son cours après la
paix. Ses principaux facteurs (en comprenant dans le

commerce international la production pour l'exportation)
sont les suivants : la transformation des procédés, celle
du rôle du crédit et celle des rapports entre employeurs
et employés. Examinons-les successivement.

La transformation des procédés de production et de
distribution des produits est si complète depuis un demi-
siècle que rien, ou presque rien, ne subsiste des méthodes anciennes. Celles-ci seraient aussi impuissantes
à rivaliser avec les méthodes contemporaines qu'un
vieux navire à voiles à combattre un cuirassé du dernier type. L'une des plus intéressantes caractéristiques
de cette transformation est la recherche constante de la
création de la force industrielle, des meilleurs procédés
applicables à son transport et à son utilisation.

La rapidité de ces changements n'a pas eu pour seule
cause l'apparition des besoins nouveaux que le progrès
des sciences appliquées permettait de satisfaire. Elle a
été stimulée, ainsi que ces progrès eux-mêmes, par
l'ardeur extraordinaire qui s'est manifestée, pendant
cette courte période, chez tous les peuples civilisés et
dans toutes les classes sociales pour l'accroissement
du bien-être et la diffusion du luxe. Le souci des améliorations de la vie matérielle et l'attrait des jouissances

de vanité ont dominé le monde au cours de ce demi-
siècle, tandis que les aspirations vers le progrès intellectuel et moral s'effaçaient à l'arrière-plan. Ce déséquilibre des tendances qui se partagent les activités humai-
nes est à la source du terrible ébranlement que nous
subissons aujourd'hui. Il explique aussi l'attitude si
timide de certaines nations qui sont restées muettes
devant la violation systématique et insolente du droit
international, du droit des gens et des règles de l'humanité, plutôt que de compromettre les bénéfices de leur
neutralité. Aussi est-il probable qu'en dépit de l'ardent
désir de paix né d'une si rude leçon, un avenir peu
lointain verrait renaître des conflits du même genre, si
la recherche passionnée des avantages matériels conti-
nuait à être poursuivie avec la même obstination. Heureusement, il n'y a de raison ni évidente, ni décisive.
pour que l'appétit de la richesse demeure *la seule autorité* gouvernant l'univers. L'histoire a connu des époques
où d'autres autorités se sont imposées avec tout autant
de force, où les hommes faisaient à leurs idées, à leurs
croyances, tout autant de sacrifices. Aujourd'hui même,
on voit le patriotisme produire des miracles d'abnégation. Il ne faut donc pas désespérer d'un retour à une
plus haute conception de la vie.

.*.
**

Quoi qu'il en soit de l'avenir, l'âpre concurrence
régnant encore a produit la concentration des efforts sur
l'abaissement du prix de revient des produits et sur la
captation de l'acheteur éventuel.

La recherche de l'abaissement des prix de revient
s'est fixé sur deux points : la spécialisation, qui favorise
le perfectionnement continu de la technique de la production (mécanisme, conduite du mécanisme, subdivision du travail, réduction du personnel de main-d'œuvre,
poursuite d'expériences et d'essais méthodiques, etc...)
et la concentration, laquelle réunissant en un même
lieu les éléments d'une production industrielle intense, réduit au *minimum*, dans la valeur de chaque
unité produite, la part des frais généraux de l'exploitation.

La spécialisation et la concentration ne s'excluent pas
l'une l'autre. Une usine ou une manufacture peut contenir plusieurs usines ou manufactures. Celles-ci, au contraire, se prêtent une mutuelle assistance en vue de
l'abaissement des prix de revient, pourvu qu'elles utili-
sent dans une large proportion les mêmes matières pre-

mières, et que leurs principaux débouchés naturels
soient dans les mêmes directions. C'est dans la pratique
de plus en plus développée de la spécialisation et de la
concentration que réside, à notre époque, le secret de
l'abaissement des prix de revient, condition première et
prépondérante du succès en matière de commerce international.

Mais la recherche de l'abaissement du prix de revient
suppose la connaissance de ce prix, lequel est le point
de départ de toute tentative d'introduction d'un produit
sur un marché. La sévérité de la concurrence, en rédui-
sant la marge du profit, réclame l'exactitude de cette
évaluation. Enfin, la complication des procédés de fabrication, la variété des matières employées, l'utilisation
des résidus et déchets ont rendu extrêmement difficile
la détermination précise des prix de revient. Elle n'est
plus le résultat de calculs simples, mais l'application
d'une science basée sur le choix des types (*standardi-
zation*) et leur classification méthodique. Cette science,
dont les Français ont négligé l'étude, est devenue d'autant plus indispensable que la perturbation créée par la
guerre, et devant lui survivre pendant une période assez
longue, a augmenté le prix des matières premières et
celui de la main-d'œuvre, et bouleversé le taux des

changes. On ne pourra donc se référer utilement aux estimations de l'époque antérieure.

Toutes les industries bien organisées avaient créé des services chargés de la constatation des prix de revient. Peu d'entre elles ont été pourvues de méthodes s'adaptant aux variations continuelles des éléments constitutifs de ces prix. En général, on se contentait d'à peu près, fournis par des coefficients revisés de temps à autre sur des données incertaines et approximatives.

C'est seulement par la coopération des intéressés dans une même industrie que peuvent être formulées les règles applicables aujourd'hui à la connaissance du coût de la production. L'œuvre accomplie par la Fédération des imprimeurs anglais (*Federation of Masters printers*) est un exemple de ce que, dans cet ordre d'idées, peut obtenir un effort collectif énergiquement soutenu. Les travaux préparatoires, y compris la période de propagande, n'ont pas duré moins de quatre ans. Mais le succès a dépassé les espérances du comité d'initiative, qui a triomphé complètement des objections et des inerties. Les méthodes qu'il a pu fixer et recommander, s'adaptant aux exigences de cette très complexe industrie, sont appliquées maintenant jusqu'en

Australie et dans le Sud-Africain. Des congrès annuels modifient, s'il y a lieu, les conditions de leur fonctionnement.

Les Etats-Unis avaient déjà fait de grands progrès dans la même voie. Chaque industrie y possède des spécialistes du *Cost finding*, largement rémunérés; et c'est là que sont réalisés de la manière la plus complète les perfectionnements relatifs à cette branche si importante de l'organisation industrielle.

Pour un grand nombre d'industries, l'abaissement des prix de revient doit être complété par une organisation assurant la répercussion de cet abaissement sur les prix de vente. En France, nous sommes à cet égard fort arriérés, notamment en ce qui intéresse nos belles industries pastorales. Si, par exemple, nous avons été battus, et complètement, sur le marché anglais, par les Danois. c'est parce que ceux-ci se sont organisés en coopératives de production et de vente pour les œufs, le beurre et la viande, tandis que nous conservions nos vieilles méthodes, ou plutôt notre absence de méthode.

La captation de l'acheteur étranger est une entreprise à laquelle l'abaissement du prix de revient, combiné avec celui du transport, apporte le concours principal, mais qui se poursuit de nos jours par des moyens tout différents. Tandis que l'usine se spécialise, le commerce, dont le rôle est « distributeur », doit atteindre des *individus*, aux besoins toujours plus exigeants et variés. Ce mouvement de diffusion se manifeste en tous pays par l'importance envahissante des « grands magasins ». On voit ceux-ci ouvrir successivement de nouveaux rayons à des catégories nouvelles de marchandises. C'est encore la recherche de l'abaissement du prix, mais du prix de vente, par la réduction relative des frais généraux. C'est encore aussi un phénomène de concentration, mais réalisé par le commerce *intérieur*. Pour l'exportateur, le grand magasin n'est qu'un client, un seul, dont les besoins sont très nombreux (1).

La conséquence *moderne* de la variété croissante des besoins de tous les clients, commerçants ou autres, est

---

(1) Cette concentration ne supprimera pas, comme on l'a supposé, le modeste détaillant, car le manufacturier n'a aucun intérêt à laisser les grandes entreprises acquérir un monopole des ventes au public. On observe d'ailleurs une tendance croissante à provoquer une demande générale sur les objets de consommation courante par l'emploi d'une publicité intensive des marques de fabrique et raisons sociales des producteurs. Par ce moyen, ces derniers peuvent entrer en relations directes avec tous les marchands, fixer les prix de vente définitifs et uniformes s'appliquant à des produits toujours identiques, lesquels sont ainsi allégés des charges de manutention, transport, magasinage et autres frais nécessités par l'intermédiaire des négociants en gros.

la nécessité de les joindre personnellement pour connaître leurs désirs et en faciliter la satisfaction. Or, l'un
des plus vifs désirs de l'homme civilisé contemporain,
qu'il soit ou non « dans les affaires », est d'éviter les
complications, les pertes de temps et les incertitudes.
Même une différence sensible dans le prix de vente,
avantageuse à l'acheteur, compense aujourd'hui de
moins en moins ce qui touche aux autres conditions de
la vente : présentation et emballages soignés, crédit
pour le règlement, livraison ponctuelle aux frais et aux
soins du vendeur; et surtout la confiance que celui-ci
aura su inspirer dans son intention de satisfaire. Les
offres par correspondance ou prospectus ne suffisent
pas à faire naître cette confiance.

Les Allemands, dont la psychologie est si courte en
matière politique, sont d'admirables psychologues dans
le détail des choses du commerce. Ils possèdent l'art de
présenter les affaires comme simples et faciles, en prenant pour eux-mêmes ce qu'elles peuvent offrir de com-
pliqué et d'aléatoire, et c'est bien ainsi qu'il les faut
présenter aux hommes de notre temps. Ils cultivaient
aussi avec succès un autre art, non moins utile, celui
de greffer les affaires les unes sur les autres, même
les plus diverses. L'agent commercial allemand, celui,

du moins, qui a le mieux contribué à l'invasion des produits allemands et à l'expansion de l'influence allemande à l'étranger, surtout hors d'Europe, — là où nous le retrouverons au lendemain de la paix, — n'était pas le commis-voyageur courant le monde avec une caisse d'échantillons. Il n'y en avait guère de cette espèce. C'était un observateur local, plutôt régional, travaillant au profit du commerce allemand tout autant que pour le compte de la maison qu'il représentait. Ses voyages, sauf ceux que, de temps à autre, il allait faire dans son pays, se limitaient à des tournées d'un périmètre restreint. Insinuant, serviable, prometteur et accommodant, s'occupant avec la même application des petites affaires que des grosses, cet homme, rarement intelligent, mais laborieux, et honnête au sens légal du mot, acquérait en quelques années une influence considérable dans la région qu'il avait résolu d'exploiter.

L'entreprise allemande reposait sur *le renseignement*, sans cesse complété, contrôlé, classé, tenu à jour, et faisant l'objet d'un échange continuel entre les banques, les maisons de commerce, compagnies et agences allemandes. Cette enquête permanente s'étendait fort au delà de la connaissance des particularités et usages des marchés extérieurs. Elle embrassait tout ce qui pouvait

servir à amorcer une opération, la conduire et l'utiliser
pour en préparer une autre. L'agent allemand ne négli-
geait ni la situation personnelle, ni les antécédents, ni
les goûts, ni les projets de l'acheteur à conquérir, puis
à accaparer. Ainsi, par ces procédés nouveaux, la méthode allemande réalisait la captation du client.

L'Allemagne est le seul pays où l'organisation de
la propagande commerciale ait pris la forme de l'intru-
sion systématique; le seul aussi où l'emploi des procédés corrects et celui des manœuvres louches aient été
indifféremment appliqués. Le commerce français n'aura
pas recours à de semblables pratiques. Mais il en devra
au moins adopter le principe initial, qui consiste dans la
recherche du contact personnel entre vendeurs et acheteurs. Il devra aussi observer une distinction qui lui a
souvent échappé : à savoir que les produits d'exportation, considérés comme marchandises, se classent en
deux catégories, ceux qui sont de consommation courante (lesquels alimentaient jadis presque tout le commerce avec les pays lointains), et ceux qui, sous forme
de matières premières, matériaux de construction, machines et produits de la métallurgie, sont demandés par
les industries des pays importateurs. La première catégorie réclame, le plus souvent, comme par le passé, le

concours d'intermédiaires avant d'arriver au consommateur. Pour la seconde, au contraire, la suppression des intermédiaires est de plus en plus désirable. Elle tend d'ailleurs à se généraliser.

Telles sont, quant à la transformation des procédés, les principales caractéristiques de l'évolution du commerce international moderne.

La France ne possède pas un nombreux personnel familiarisé avec ces changements, et l'organisme d'informations d'ordre pratique y est encore à créer. Un long temps s'écoulera avant que ces améliorations soient réalisées. Pour franchir cette passe difficile, nous devrons utiliser d'abord les sources de renseignements dont nous disposons. La réforme du service consulaire (1) ne donnera pas de résultats immédiats, et n'en

---

(1) J'ai traité cette question dans l'ouvrage cité plus haut (en note, page 1), et je crois avoir démontré que la représentation officielle de la France à l'étranger réclame une reconstruction complète dans un esprit entièrement nouveau. La cloison qui sépare le service diplomatique du service consulaire doit disparaître, parce que leur mission est la même : celle de sauvegarder nos intérêts économiques. Le « parallélisme » des deux carrières est un non-sens depuis que les relations d'affaires sont la base de toute politique. Un chef de poste diplomatique ne sait pas ce qu'il devrait savoir s'il n'est exactement renseigné par les consuls accré-

donnera jamais qui remplacent l'action personnelle des intéressés dans la conduite de leurs affaires. L'envoi de « missions » temporaires, même confiées à des hommes intelligents, ne peut être d'aucune utilité pour l'étude, sinon à un point de vue très général, des conditions d'un marché. Elles ont un effet moral, laissent une impression qui n'est pas toujours négligeable, mais rien de plus. Seuls, ceux qui l'ont pratiqué sur place sont en état d'instruire le commerce d'exportation. C'est renverser les rôles que venir leur apporter nos combinaisons et les renseigner sur nos produits.

Les industriels et manufacturiers français qui ne pourront se déplacer eux-mêmes pour se mettre au courant de ce qu'il leur importe de savoir, ni envoyer au dehors, pour de longues périodes, des agents expérimentés, devront chercher leurs informations auprès des négociants français établis à l'étranger. Il en existe beaucoup plus qu'on ne croit qui, pourvus de situations honorablement acquises, sont capables de donner d'uti-

---

dités dans le pays de sa résidence, et les consuls deviennent de simples bureaucrates s'ils ignorent jusqu'à l'existence des questions de politique commerciale traitées par l'ambassade ou la légation. La pénétration réciproque des deux services est d'absolue nécessité.

les conseils, surtout dans la manière d'engager et de suivre les affaires. On trouverait notamment dans les chambres de commerce fondées par leur initiative des éléments pouvant inspirer toute confiance.

♣♣

Passons à l'évolution du crédit commercial.

Avec la multiplicité des transactions entre pays divers, le rôle du crédit s'est énormément développé, et son organisation est devenue de première importance. Aussi, n'est-ce pas sans surprise qu'en examinant la situation des échanges internationaux au point de vue du crédit industriel et du crédit commercial, on s'aperçoit que cette organisation n'a suivi nulle part, si ce n'est en Allemagne, le mouvement d'expansion et de transformation des rapports commerciaux. Tout le monde sait qu'il existe un grand nombre d'établissements de crédit, dont quelques-uns très puissants, et qui escomptent le papier de commerce. Mais dans aucun pays, sauf en Allemagne, on ne trouvait, avant la guerre, des liens de coopération entre les banques, constituant une entente ayant un caractère de permanence et pro-

duisant ses effets dans toutes les directions où s'exer-
çait leur activité.

En France, la collaboration était plus étroite entre
certaines de nos banques et certaines banques étrangères qu'entre les banques françaises elles-mêmes.
L'internationalisme financier, nous ne l'ignorons pas,
est une conséquence naturelle du mouvement des affaires; mais son abus est dangereux parce qu'il tend à
détourner les instruments de crédit de leur fonction
nationale. Les banques se cantonnent alors, quant aux
opérations s'étendant hors du territoire, dans le domaine
des emprunts étrangers et dans le maniement des va-
leurs représentatives (escompte, change, courtage, arbi-
trage, etc.). En dehors des émissions, leur fonctionnement devient, pour chacune d'elles, isolé et presque
automatique.

En Allemagne, les plus grandes banques, telles que
la Deutsche Bank, la Bank für Handel und Industrie,
la Disconto-Geselschaft, formaient avec celles de moindre importance et avec leurs succursales sur les grandes
places étrangères une sorte de syndicat, ou plutôt d'alliance. Tout en restant indépendantes les unes des
autres, sauf arrangements occasionnels, elles puisaient
pour ainsi dire dans un fonds commun d'informations

et d'influence, réalisant de ce fait une puissance financière exclusivement employée à soutenir les intérêts allemands et à écarter la concurrence étrangère. Rien de semblable n'existait ailleurs.

L'activité de cette organisation était telle que les entreprises allemandes étaient invitées par les banques à faire connaître leurs projets d'extension sur les marchés du dehors. Le crédit, en somme, était offert au moins autant que sollicité. Le système n'a pu donner de bons résultats (et il en a donné de superbes jusqu'au jour où l'on en a abusé) qu'à deux conditions, qui d'ailleurs étaient remplies. La première, que les capitaux à la disposition de ces banques fussent de beaucoup supérieurs au montant des dépôts qui leur étaient confiés; et la seconde, de posséder, tant en Allemagne qu'à l'étranger, l'assistance d'un état-major d'experts *spécialistes* d'une compétence éprouvée. Elles pouvaient ainsi ne s'engager qu'après évaluation des risques à encourir et des probabilités de succès. En outre, représentées le plus souvent dans les conseils d'administration des sociétés industrielles où elles avaient pris des intérêts, il leur était facile de suivre le mouvement des exploitations et, avec le concours de leur personnel technique, d'en assurer le perfectionnement continu.

Les conditions : faculté d'immobiliser des capitaux, examen de la valeur des entreprises avant participation, sont corrélatives. Ce système n'a été largement pratiqué qu'en Allemagne. Son application prévaudra dans l'avenir prochain. Il répond aux exigences modernes des grandes industries; et, de plus, il est logiquement conçu. En effet, s'il est vrai que le rôle des banques de *dépôts* n'est pas de fournir des capitaux aux industriels pour étendre leurs opérations, il est également vrai que, dans un pays en pleine activité productrice, l'absorption de l'épargne par des banques de dépôts est un fait extrêmement fâcheux.

Le rôle vraiment utile, et en quelque sorte vivifiant, des banques, ne saurait être, dans l'état actuel, et à plus forte raison dans l'état futur des relations de peuples à peuples, celui d'un intermédiaire passif, indifférent, sans autres responsabilités que celles d'un gardien de fonds, d'un encaisseur de traites et d'un enregistreur de souscriptions. La banque de dépôts satisfait à des besoins réels, mais secondaires. Elle ne sert pas l'intérêt national. La banque de crédit, tout en offrant à l'industrie une assistance que celle-ci trouverait difficilement ailleurs, met au service des capitaux privés ses facultés d'investigation, de contrôle, de surveillance, d'expertises en matières industrielles et de commerce, même de banque. Elle est clairvoyante parce qu'elle est intéressée à l'être. C'est l'instrument le plus apte à réduire au *minimum* les risques qu'elle partage avec sa propre clientèle.

Après la guerre, les pays allemands, quelles que soient les modifications apportées par le traité de paix à leur statut politique, s'empresseront de remettre au point leur mécanisme de crédit. La gêne résultant d'une situation financière en fort mauvais état sera compensée dans une certaine mesure par l'expérience acquise et la supériorité organisatrice que personne ne conteste aux descendants des races germaniques.

En Angleterre, le crédit à l'industrie par les banques est plus usuellement pratiqué qu'en France. On y est cependant très préoccupé aujourd'hui de l'établir dans des conditions s'adaptant mieux aux besoins de notre époque. Dans cette pensée, on a proposé de s'inspirer du fonctionnement des compagnies d'assurances, lequel répartit sur un grand nombre de transactions des risques essentiellement variables, considérés isolément, mais dont la moyenne s'écarte peu de prévisions judicieusement calculées. On recherche aussi les moyens de réaliser des ententes entre les banques de la métropole et celles qui se sont spécialisées dans les affaires de régions déterminées, telles que l'Afrique du Sud, le Brésil, la Chine et le Canada.

Enfin, un mouvement auquel la majorité des industriels et des négociants anglais paraît s'être ralliée a pris naissance en faveur de la création d'un ministère du commerce, qui serait plutôt le ministère de la production et de l'exportation. Ce département, entièrement distinct du *Board of Trade,* laissant à celui-ci ses nombreuses attributions administratives, centraliserait l'étude des questions relatives aux besoins de l'industrie et du commerce. Il serait divisé en sections (finance, science, main-d'œuvre, exportation, tarifs, etc.) qui se tiendraient en relations permanentes avec les représentants légalement délégués de chaque branche d'industrie et de commerce, ainsi qu'avec les banques *de crédit.* Son personnel se composerait presque exclusivement de spécialistes experts dont la mission principale serait d'être au courant de tout ce qui intéresse leur spécialité.

Ces diverses conceptions ne s'excluent pas mutuellement. On peut donc tenir pour probable que l'industrie britannique sera pourvue, après la guerre, d'un système de crédit perfectionné, utilisant et renforçant le réseau de ses relations commerciales en tous pays étrangers.

Nos autres concurrents s'apprètent à suivre cet exemple.
Il faut conclure à la nécessité d'organiser notre crédit
en acceptant les leçons du dehors, c'est-à-dire en subs-
tituant à l'éparpillement des efforts une coopération où
l'autorité des compétences individuelles, la puissance de
l'association et la sollicitude *désintéressée* de l'Etat, se
combineraient intelligemment.

Les remarques qui précèdent s'appliquent au crédit
considéré au point de vue des capitaux immobilisés.
Les opérations relatives à l'escompte des effets
de commerce internationaux forment une catégorie
spéciale.

Les deux grands pays exportateurs de l'Europe
étaient déjà organisés, avant la guerre, de manière à
rendre de plus en plus facile et prompte la disponibilité
du capital circulant. L'initiative de cette organisation
appartient aux Anglais. Les Allemands, venus longtemps après eux, l'ont complétée et perfectionnée. Par
l'intermédiaire des succursales établies à Londres de
leurs propres banques, ils se servaient des banques
anglaises pour leur faire faire l'avance de l'escompte
pendant la période de recouvrement des traites tirées
sur le crédit des acheteurs extra-européens. Ce procédé
a été clairement décrit dans un article publié par le

Times, sous le titre *British gold for enemy industrie* (1).
Il est d'ailleurs parfaitement licite. Si nous rappelons
que les Allemands l'ont employé avec succès sur une
large échelle, c'est pour mettre en évidence l'avantage
que trouvent les banques s'occupant du papier d'exportation à être représentées par leurs propres agences sur
les places importantes, notamment à Londres et à New-
York.

Les banques allemandes ont aussi utilisé leur crédit
auprès des grands établissements européens par le mor-
cellement (en traites échelonnées) du crédit fait aux
acheteurs étrangers. Elles arrivent ainsi à transformer
le crédit à long terme accordé à l'importateur en crédit
bancaire international à courte échéance, et à encaisser
les bénéfices sur la différence entre l'intérêt à la charge
de l'acheteur et celui qu'elles paient aux banques étrangères.

La France n'a pas tenté, dans cette direction, un
effort comparable à celui de l'Allemagne et de l'Angleterre. Elle ne pourra faire une concurrence sérieuse à ses
rivaux sur les marchés étrangers que si elle se pourvoit,
ainsi qu'eux-mêmes, des instruments de crédit assurant

---

(1) *The Times trade supplement,* novembre 1916.

la prompte réalisation des capitaux incorporés dans les produits d'exportation. C'est un problème de technique financière que nous aurions pu, avant la guerre, résoudre sans grandes difficultés. L'énorme consommation de capitaux qui nous appauvrit de mois en mois a modifié la situation. Aussi est-il probable que l'intervention du crédit public, sous une forme plus ou moins directe, sera nécessaire au fonctionnement des banques destinées à faciliter nos transactions commerciales avec l'étranger.

*
* *

Nous arrivons au troisième élément de l'évolution permanente (indépendante de la guerre) du commerce international et des industries exportatrices : rapports entre les employeurs et les employés, entre salariants et salariés.

Ces expressions, remarquons-le d'abord, ne s'accordent pas avec la réalité économique. Dans une entreprise, quelle qu'elle soit, toute rémunération correspond à un service rendu, consistant en la mise à la disposition de l'entreprise d'un capital, fruit du travail, avec risque de perte, ou d'intelligence et de force employées à faire fructifier ce capital, avec risque de chômage ou de salaires diminués, si l'entreprise ne fait point de bénéfices. Il faudrait dire rapports entre la rémunération des capitaux et la rémunération du travail personnel.

Sans remonter au temps des corporations ou corps de métiers, qui ont rendu de grands services aux industries naissantes et ont aussi retardé les débuts de l'industrie moderne, parce qu'ils en ont contrarié l'évolution au lieu de s'y adapter; ne considérant que ce qui s'est passé depuis un demi-siècle, on constate de grandes modifications dans les rapports du capital et du travail. Elles ont accompagné l'irrésistible poussée de la création des industries puissantes, de leur développement par l'emploi de la force mécanique et de l'importance croissante des capitaux immobilisés dans ces industries; mais, en l'accompagnant, elles ne l'ont point favorisée.

La difficulté, nulle part encore résolue, de régler harmonieusement ces rapports, n'est pas née de l'utopie socialiste qui, selon la forte expression de M. Louis Bertrand, ne se présente encore de nos jours que comme l'exploitation de la force brutale par la ruse. Elle s'est d'abord manifestée par les résistances instinctives qu'opposèrent les travailleurs manuels à l'extension de l'usage des machines pendant la période initiale, quel-

que peu chaotique, de la grande industrie. Aujourd'hui,
les ouvriers capables d'observer et de réfléchir, c'est-à-
dire, dans notre pays, la très grande majorité des
ouvriers, comprennent que la machine fut leur bienfai-
trice. C'est elle qui les a soustraits pour toujours aux
conditions déplorables d'existence imposées à leurs pré-
décesseurs, qui a provoqué la hausse des salaires et
l'amélioration de l'hygiène générale, abaissé la moyenne
de l'effort physique, relevé le niveau de leurs capacités.
C'est elle aussi qui, en diminuant le prix de revient
des objets de consommation courante (vêtements, chaus-
sures, meubles, etc.) et le coût des transports, a permis aux gens de condition modeste de jouir d'un confort
inconnu de ceux du siècle précédent.

Mais si la haine de la « machinofacture » a presque
disparu, elle a fait place, chez l'ouvrier plus instruit et
utilisant davantage son intelligence, à un sentiment d'indépendance auquel s'ajoute le désir très naturel d'accroître son bien-être. Malheureusement, au point où
nous en sommes, le travailleur manuel est encore trop
mal informé des faits économiques pour aller aux conséquences logiques de ses propres constatations. Il ne
lutte pas *avec* l'entreprise, mais *contre* elle, en la personne de son principal collaborateur, le capital. L'en-

treprise en souffre, et lui-même par contre-coup. Irrité
de ces déceptions, il insiste, il menace. De ces querelles,
dont la grève, absurde et pourtant légitime, est la plus
fâcheuse conséquence, résulte, comme de toute guerre,
une déperdition des forces nationales.

Cette erreur, due à l'ignorance, n'est pas seulement
celle des ouvriers. Elle est répandue aussi parmi les
employeurs, et non pas seulement parce que la force
veut répondre à la force, mais parce qu'un grand nombre de ceux-ci ont une conception fausse de la constitution de l'industrie moderne. La paresse d'esprit est à
la source de ce mal comme de tant d'autres. Combien
de « patrons » se bornent à consulter le bilan de leur
exploitation pour fixer, s'il se peut, les salaires en conséquence? Ils oublient que le bilan, c'est l'enregistre-
ment d'une période écoulée, un simple renseignement,
et que c'est de l'avenir qu'ils doivent se préoccuper.
S'ils y pensaient davantage, ils comprendraient, ils sauraient que le travail le moins payé est rarement le meilleur. Avant de s'ingénier à faire accepter à leur personnel des salaires aussi réduits que possible, ils fixe-
raient leur attention sur la recherche des perfectionnements qui permettraient une plus large rémunération de
la main-d'œuvre. Croire que la production intense et

économique est incompatible avec des salaires élevés est une erreur que l'évolution des procédés industriels rendra de plus en plus apparente.

En résumé, en considérant le contrat de travail comme une partie de jeu où ce que l'on gagne est perdu par l'autre, on méconnaît des deux côtés l'essence même de la coopération volontaire. Les pays où se maintiendra cette conception sont assurés de ne jamais pouvoir soutenir la concurrence de ceux qui l'auront abandonnée. Tenons pour certain que nos rivaux, aussi résolus que nous-mêmes à développer leurs industries après la guerre, vont déployer tous leurs efforts pour réduire au *minimum* le nombre et l'intensité des conflits entre le capital et le travail.

Comment s'y prendront-ils? La plupart d'entre eux ne le savent pas encore. Mais ils savent, et nous savons aussi, dans quelle direction ils doivent orienter leurs recherches, car le bon sens n'est pas seul à l'indiquer. N'avons-nous pas sous les yeux l'exemple d'une nation dont la richesse et la puissance industrielle ne sont égalées par aucune autre, et qui les doit surtout à sa conception du rôle social du travail. Et cette nation, les Etats-Unis d'Amérique, est la plus démocratique du monde. Elle est aussi la plus décentralisée.

En examinant les possibilités d'organisation des industries en France, j'aurai à revenir sur cette question des rapports du travail et du capital; mais, puisque dans le présent chapitre, nous nous occupons de l'évolution générale de la production et des échanges, il convient de rappeler ici dans quel esprit nos nouveaux alliés conduisent leurs affaires, et comment ils sont arrivés à exercer sur cette évolution une influence dominante.

En thèse générale, le travail nous apparaît comme un fardeau. Pour l'Américain d'aujourd'hui, né dans la seconde moitié du XIXe siècle, le travail est plus qu'un devoir. Il y aperçoit la raison d'être de l'homme et y reste attaché volontairement. « Le seul état qui semble avilissant dans ce pays, dit le vicomte G. d'Avenel dans son livre *Aux Etats-Unis*, publié en 1913, est celui de l'homme qui vit, sans profession, du fruit de son argent. » C'est pourquoi, du haut en bas de l'échelle sociale, il y a moins de déchets et de non-valeurs qu'en Europe.

Là est la source de la force américaine. Richesse et puissance en découlent naturellement. Le travail de l'ouvrier américain est, en moyenne, plus productif que celui de tout autre ouvrier, parce que, indépendamment de l'emploi intensif des machines, l'ouvrier américain est plus appliqué à s'en servir et à en accroître le rendement.

Epris de liberté, les Américains respectent les opinions qu'ils ne partagent pas, même les opinions religieuses. Il n'y a chez eux ni question juive, ni question de cléricalisme, ni rien d'analogue. Ainsi, tous les établissements d'enseignement, laïques ou religieux, sont exempts d'impôts. C'est qu'on estime l'instruction une chose utile, et cette raison paraît suffisante.

Observateurs des faits, dédaigneux des théories, ils n'apprécient nullement ce que nous appelons le socialisme, et la lutte, à nos yeux si intéressante, des « travailleurs » contre les « capitalistes », n'est soutenue que par une minorité infime, dont la majorité est formée de nouveaux venus. Aux Etats-Unis, les ouvriers ne sont ni les ennemis ni les amis de leurs patrons. Les uns et les autres sont des gens qui, chacun dans sa fonction et dans son intérêt, s'appliquent à tirer parti de leur intelligence et de leur habileté pour que l'entreprise « paie » le plus largement possible, et avoir part à ses profits. On y dispute souvent, et parfois rudement, au sujet de cette part, et le résultat en est que les salaires industriels s'accroissent à peu près dans la même proportion que la valeur de l'ensemble de la production.

La rémunération de la main-d'œuvre augmente; celle du capital fléchit. On ne dispute pas sur la nécessité de produire toujours plus et toujours mieux.

Les procédés des Américains, en matière d'organisation, d'exploitation ou d'administration industrielle, les perfectionnements qu'ils ont introduits dans les branches les plus variées de la production, ne sont pas tous applicables en Europe, parce qu'on opère ici sur des bases moins larges qu'aux Etats-Unis. Mais, ce qu'il faut retenir, c'est que le sens pratique y domine chez les employeurs comme chez les employés, et que le chef d'industrie, en poursuivant sans relâche l'abaissement de ses prix de revient, recherche en même temps, et dans son intérêt, les possibilités d'augmentation du gain de ses ouvriers. Là est le secret de la capacité *exportatrice* acquise aujourd'hui par l'Amérique pour un grand nombre de produits manufacturés qui sont loin d'être tous du domaine exclusif de la grande industrie.

Il ne saurait être question pour nous, je le répète, de « copier » l'Amérique, pays immense, qui est encore une terre de colonisation. Mais il est temps de la « découvrir », afin d'y constater ce que peuvent réaliser l'esprit d'entreprise, la hardiesse intelligente, l'activité soutenue, ambitieuse de résultats positifs et durables.

L'Amérique nous montrera aussi le paternalisme prévoyant de son gouvernement, collaborateur amical, mais plutôt discret, des initiatives privées, et moins préoccupé d'améliorations immédiates que de l'avenir des générations suivantes.

CONDITIONS NOUVELLES
RÉSULTANT DE LA GUERRE

L'une des plus importantes conséquences de la guerre, et celle, probablement, dont les effets seront les plus persistants, sera d'avoir placé en contact, moralement, intellectuellement et économiquement, des nations n'ayant entre elles que des rapports de vagues et intermittentes sympathies. Elles étaient déjà rapprochées par des conceptions générales du progrès peu différentes les unes des autres et par un certain fonds commun d'idées morales. Cependant, malgré la permanence des courants d'échanges réciproques, on se connaissait peu, même entre voisins, et les fréquentations mutuelles n'avaient guère pour objet de se connaître davantage. Seuls, quelques lettrés, savants et artistes, se donnaient la peine, ou le plaisir, de prêter une attention soutenue aux faits et gestes de ces amis, considérés plutôt comme des clients, dont certains avaient été nos ennemis de la veille et pouvaient redevenir ceux du lendemain.

Les souvenirs historiques, les rivalités d'intérêts, surtout la connaissance insuffisante, en tous pays, des langues étrangères, faisaient obstacle à l'établissement de rapports plus intimes, tandis que l'ignorance, plutôt l'incompréhension de l'état mental et moral du peuple devenu le plus puissant du vieux continent, dissimulait les dangers menaçant l'édifice de la civilisation. Si la plupart des esprits réfléchis croyaient la guerre inévitable et prochaine, ils lui attribuaient des causes et en attendaient des résultats surtout politiques. Personne ne supposait que, par les adhésions successives de toutes les forces représentant les principes de liberté et d'humanité, se formerait une coalition fusionnant les intérêts les plus divers, au prix d'énormes sacrifices, armant le droit contre la violence, afin de défendre le patrimoine moral conquis sur l'esprit de domination brutale par un effort de cinq siècles.

Le fraternité d'armes, réalisée en de telles circonstances, a pris un caractère nouveau, imprégné d'idéalisme, destiné à survivre aux événements de la crise actuelle. Mais, en outre, son premier résultat est d'éclairer nos jugements. La pénétration réciproque, en se prolongeant, atteint jusqu'aux masses populaires, les instruit, les renseigne sur le compte de ces voisins avec qui on voisinait si peu. A leur titre d'alliés, elle ajoute celui de camarades; et, entre camarades, on se connaît mieux souvent qu'entre amis. Avec tant de maux et de souffrances, la guerre nous aura donc apporté un grand bien, — et ce n'est pas le seul, — par ce rapprochement volontaire, suivi d'un long contact forcé.

Je ne pense pas que ce grand fait historique nous conduise à instituer, dès demain, — si ce n'est peutêtre sur le papier, — la Société des Nations, instrument de la paix éternelle. Ce serait une création merveilleuse, pour ne pas dire miraculeuse. Mais il me semble qu'on en parle plus qu'on n'y pense. Personne ne nous a dit encore si les Allemands seront admis dans cette Société ou en seront exclus. Jusqu'à présent, le projet repose sur une équivoque.

Quoi qu'il en soit, la confraternité d'armes entre les Alliés, déterminée par une communauté de sentiments et de vues générales, aura en tout cas, sur leurs relations, après la guerre, une répercussion qui s'étendra à leurs rapports économiques, et sera un facteur important des conditions nouvelles du commerce international.

♣

Les heureux effets de cette amicale entente dureront plus ou moins, selon l'intelligence et le zèle qu'on emploiera à les conserver. Mais d'autres éléments, d'un caractère plus positif, subsisteront, exerçant une action directe et très puissante sur les rapports internationaux. Tous ne nous sont pas favorables. Il est donc utile de les connaître.

Quelques-uns d'entre eux seulement ont un caractère voisin de la certitude. Au nombre de ceux-ci, bien que strictement ce ne soit qu'une hypothèse, on place l'assurance de la victoire des Alliés sur les empires du centre de l'Europe. En ce moment, la « carte de guerre » est encore favorable à ces derniers. Mais ils ne possèdent plus, en effectifs, matériel et puissance financière, que des ressources dont l'écart avec celles que nous possédons va en croissant. Leur force de résistance est diminuée du fait de cet accroissement. Nos progrès sur cette carte sont lents, mais nulle part, sur le front principal, on n'a reculé. La possibilité pour l'Allemagne et ses alliés d'atteindre un résultat militaire décisif a disparu. L'entrée en guerre des Etats-Unis a porté le dernier coup à leurs espérances, et l'achèvement de la préparation des armées américaines fixera la date à laquelle la coalition antigermanique sera maîtresse des conditions de la paix.

Cependant, sauf sur certains points, tels que la restitution de l'Alsace-Lorraine à la France, l'évacuation complète des territoires de la Belgique et de la Serbie, nous ne pouvons qu'entrevoir ce que seront ces conditions. La reconstitution, sur de nouvelles bases, de l'Europe centrale, de laquelle dépendra la tranquillité future des peuples du vieux continent, est un problème dont la solution n'est même pas encore ébauchée. Il en est de même de l'importance des indemnités de réparation des dommages de guerre et des difficultés que peut rencontrer leur recouvrement. Enfin, ne pouvant faire que d'incertaines conjectures sur la durée de la guerre, nous sommes hors d'état de déterminer, même par à peu près, l'étendue des désastres subis et la valeur des capitaux anéantis au cours de cette longue conflagration. Ce seront là des facteurs considérables de la situation économique générale et, par conséquent, des possibilité .e rétablir le mouvement des échanges internationaux sur un pied satisfaisant aussitôt que possible.

Ces réserves faites, il demeure certain que les perturbations créées par la guerre, directement et indirectement, peuvent être appréciées. On sait dans quel sens elles agissent, quelles en seront les répercussions immédiates; et si nous ne sommes pas à même d'en mesurer dès à présent la gravité, personne ne se fait plus illusion sur la nécessité de tenir largement compte d'un déséquilibre économique dépassant de beaucoup tous les précédents et toutes les prévisions.

⁂

Ces perturbations sont de trois sortes : 1° l'affaiblissement des belligérants, en population, ressources matériel   : crédit; 2° l'ensemble des changements qui, sous la forme économique, se sont produits chez les nations neutres; 3° l'existence de modifications dans la conception générale des rapports internationaux.

De ces trois catégories, la première est celle dont les effets seront le plus immédiatement sensibles, celle aussi dont il est le moins malaisé de déterminer approximativement l'importance.

Tous les belligérants, à l'exception du Japon, dont le concours, après la prise de Kiao-Tchéou, a été limité à de bons offices, précieux d'ailleurs, ont vu disparaître une notable fraction de leur population mâle valide. L'incertitude, quant aux pertes qu'ils auront encore à subir jusqu'à la conclusion de la paix, rend illusoires les évaluations qu'on tenterait de faire aujourd'hui. Toutefois, il est possible d'indiquer un *minimum*. Bien que certains pays n'aient publié aucune statistique de leurs pertes, et que les relevés officiels communiqués par certains autres soient manifestement incomplets, les nombreuses enquêtes conduites par les spécialistes, et contrôlées les unes par les autres, permettent cette indication. Presque toutes concluent à la disparition ou à l'invalidité de plus du tiers de la population mâle d'âge militaire des nations fortement engagées dans le conflit, en supposant que la guerre ne se prolonge pas beaucoup.

Prenons pour exemple-type l'Allemagne, qui a fourni le plus grand effort. Les statistiques qu'elle a publiées de ses pertes semblent avoir été sincères jusque vers le milieu de l'année 1916. A la fin de cette même année, les listes officielles avouaient un déchet de 4.125.000 hommes, dont environ 1 million de blessés « récupérables ». Mais, au mois de mars 1916, le chancelier de l'empire avait déclaré à une commission du Reichstag que les pertes *irréparables* allemandes (c'est-à-dire les pertes non récupérables après guérison de blessures) atteignaient 3.500.000 hommes. La grande offensive sur Verdun, dont on n'a pas osé divulguer les conséquences meurtrières, n'était pas commencée. Enfin, depuis le 1er janvier 1917, les listes allemandes donnent une moyenne de pertes mensuelles de 80.000 hommes.

Si l'on admet la déclaration officielle de mars 1916 comme voisine de la réalité, et les chiffres subséquents à peu près exacts, les pertes *irréparables* dans la population mâle allemande d'âge militaire ont atteint, sinon dépassé, vers la fin de l'année 1917, le total de 5 millions d'hommes; soit bien près de la moitié de l'effectif de cette population.

L'Allemagne, il est vrai, avait compris avant ses adversaires l'importance prépondérante du matériel de guerre dans la lutte actuelle. Aussi a-t-elle prélevé sur son personnel militarisé une fraction plus considérable employée à la fabrication et au transport de ce matériel. Elle devrait donc avoir subi, relativement au chiffre de sa population. des pertes moindres que les nôtres.

Mais ses méthodes de combat, en maintes circonstances, ont été pour ses troupes très meurtrières. Elle n'a appris qu'un peu tard à économiser ses effectifs. D'autre part, la détermination de notre principal ennemi de résister jusqu'à l'extrême limite de ses forces implique une énorme consommation de ce qu'il appelle « le matériel humain », pendant la période qui s'écoulera entre la première rupture d'équilibre et la défaite finale. Le régime d'alimentation insuffisante auquel ce « matériel » est soumis depuis plus de trois ans y contribuera dans une appréciable mesure.

Pour chaque nation, la part d'affaiblissement en hommes sera, à peu de choses près, proportionnelle à la fraction de sa population exposée aux risques de guerre. Jusqu'à présent, la France a fourni le plus fort contingent armé, eu égard à son effectif disponible. Ses alliés, en amenant progressivement des renforts sur les divers fronts, ont corrigé peu à peu cette inégalité. Il est douteux cependant que celle-ci disparaisse.

D'où, revenant au point de vue économique, nous pouvons conclure que, quant au déchet de population mâle active, la France et l'Allemagne seront en état sensible d'infériorité vis-à-vis de leurs concurrents sur les divers marchés du monde. La main-d'œuvre pour la production industrielle et agricole leur manquera dans une mesure extrêmement gênante. Elle manquera dans une plus faible proportion aux autres pays belligérants, et sera ce qu'elle était avant la guerre dans tous les autres pays.

La constatation de ce fait démographique amène une inévitable déduction, à savoir que la nécessité sera plus pressante en France et en Allemagne que dans les autres pays de soutenir la concurrence économique en s'appliquant à réorganiser la production industrielle sur le principe du perfectionnement des mécanismes et de l'économie de la main-d'œuvre. Nous aurons, il est vrai, à notre disposition, l'appoint du travail féminin qui a reçu une vive impulsion pendant la guerre et conservera une part de ce qu'il a acquis. Mais nos concurrents l'auront aussi, chez eux, à leur disposition; et si nous voulons qu'il rende, en France, tous les services auquel il est apte, c'est encore dans le perfectionnement du mécanisme qu'il faudra chercher la solution, afin de rendre accessibles certaines industries à la main-d'œuvre féminine. Ajoutons enfin que l'emploi industriel de cette main-d'œuvre ne saurait, sans graves inconvénients, être généralisé. L'émancipation *civile* de la femme est une idée juste, ou plutôt de justice; mais le devoir du sexe faible de contribuer par un travail salarié à l'accroissement des ressources du ménage ou de la famille passe après d'autres devoirs que seul il peut remplir.

Ainsi, le fait brutal de la guerre, en supprimant quelques millions d'individus, apporte un nouvel et puissant argument à l'appui de ce qu'indiquait l'étude de l'évolution pacifique des industries : suprématie de l'utilisation des moteurs mécaniques et des machines de fabrication, nécessité d'économiser la force musculaire de l'homme, et dans l'intérêt de celui-ci, lié à celui de la production, développement progressif de l'emploi de ses facultés d'intelligence et d'adresse, ainsi que ses connaissances techniques.

*
* *

Après l'affaiblissement des belligérants par la disparition de leurs plus précieuses énergies, celles des citoyens tombés au champ d'honneur ou mutilés par la mitraille, vient l'affaiblissement causé par les pertes matérielles, sous les formes de dévastation des propriétés et de consommation exceptionnelle, énorme, de produits de toutes sortes en lesquels était incorporée une partie de la fortune nationale.

Là encore, nous avons été touchés plus que les autres
(sauf la Belgique, la Serbie et la Roumanie), même
beaucoup plus sévèrement. Quoi qu'il arrive désormais,
la France aura plus souffert que l'Allemagne de l'occupation par l'ennemi; car, même si nous signions la paix
sur le territoire germanique, nos soldats n'y séjourne-
raient pas plusieurs années et n'y causeraient aucun
ravage comparable à ceux dont nos départements du
Nord sont victimes. Cette région fournissait les trois
quarts de notre production houillère, plus des cinq
sixièmes de notre production en minerais; et, pendant
deux années et demie, les envahisseurs l'ont exploitée
à outrance. Le matériel de nos usines a été emporté en
Allemagne. Quand, sous la pression de nos armes, les
troupes du Kaiser évacueront le sol français, presque
tout ce qui y avait une valeur vénale ou d'utilisation
aura été détruit ou enlevé.

Les Allemands, nous dit-on, devront restituer ou
indemniser. Nos exigences sur ce point sont formelles,
cela est certain. Mais restituer ne sera pas toujours
possible; et dans la plupart des cas l'opération, entravée
par le mauvais vouloir, la mauvaise foi et l'esprit de
chicane des restituants, donnerait naissance à bien des
difficultés. Elle ne se présente pas comme pratique.

Selon toute vraisemblance, il faudra s'en tenir à une évaluation globale des dégâts et des vols commis sur les territoires occupés par l'ennemi, et au paiement d'une compensation pécuniaire du montant de ces dommages. De toute façon, les reconstructions et la réinstallation de l'outillage industriel, neuf, replacé ou réparé, réclameront un long délai pendant lequel nos compétiteurs, amis ou ennemis, profiteront de l'avantage de la possession d'un matériel presque intact. Ce fait constituera une modification profonde de la répartition des forces productrices dans le monde, pendant quelques années; et ce changement ne nous étant pas favorable, il convient de l'étudier de près, afin d'en atténuer les conséquences autant qu'il sera possible de le faire.

On s'en est occupé déjà, officiellement, mais en se plaçant à un point de vue à la fois trop large et trop limité. Trop large, parce qu'on a considéré en bloc les intérêts des puissances alliées, lesquels, indépendamment de la poursuite de la guerre, sont très différents les uns des autres, ainsi que les moyens dont elles disposent pour les sauvegarder; et trop étroit, parce qu'on a éliminé de l'examen de la question toute concurrence autre que celle de l'Allemagne et de l'Autriche-Hongrie. Les négociations préliminaires des puissances de l'Entente s'étant maintenues dans cet ordre d'idées ont abouti, en avril 1916, à un projet de *boycottage* du commerce d'exportation de l'Allemagne après la guerre.

A cette époque, les Etats-Unis comptaient encore parmi les neutres. On n'avait pas à leur demander leur avis. La situation des puissances alliées vis-à-vis de la grande république américaine n'est plus la même; et comme on a peu de sympathie, de l'autre côté de l'Atlantique, pour un régime international basé sur des mesures d'ostracisme économique, il est probable qu'on aura à reviser les décisions dont il s'agit.

Cependant, la question reste posée. Un courant sentimental, entretenu par l'influence de certains intérêts, s'est formé, puissant surtout en Angleterre, en faveur de cette politique d'exclusion. Elle ne serait que provisoire, c'est entendu, mais on entend la maintenir en vigueur jusqu'à ce que l'Allemagne cesse de nous menacer d'une « hégémonie inacceptable ». Autant dire jusqu'à ce que nous ayons changé d'avis.

Dans le prochain chapitre, relatif aux « Conférences économiques des Alliés », on trouvera des renseignements sur les mesures proposées. Le lecteur pourra en apprécier le caractère et se rendre compte en même temps des difficultés que présenteraient leur application

identique dans des pays dont les rapports naturels
d'échanges avec l'Allemagne sont fort dissemblables.

*
**

Mais il est utile de fixer d'abord les idées sur la
valeur du principe d'union défensive, et au besoin
agressive, dont émanent ces résolutions. Doit-on l'admettre ou le condamner? C'est cela qu'il faut savoir
avant tout; car si le risque d'envisager sous un jour
faux les conditions générales de la paix est sérieux (et
il n'est plus permis d'en douter), celui de mal régler
les rapports que nous aurons à entretenir avec nos ennemis de la veille est tout aussi grave et fertile en
conséquences. Or, tant au point de vue sentimental
qu'au point de vue économique, — ce sont les deux
faces du problème, — les avis les plus opposés ont été
émis, et par des personnes auxquelles on ne saurait
refuser quelque compétence. Cette diversité d'opinions
n'a rien de surprenant. Il y a, comme toujours il y a
eu, des caractères indulgents jusqu'à la niaiserie, et
d'autres sévères jusqu'à l'iniquité. L'esprit de générali-
sation, — c'est-à-dire la paresse de l'esprit, — aidant,
on échoue, soit dans la politique impulsive, soit dans

la politique savante, à base de statistiques, aboutissant à des solutions contraires, également fausses.

Il y a pourtant mieux à faire que de s'obstiner à compromettre l'avenir pour la satisfaction intégrale de légitimes rancunes, ou à appliquer aveuglément, en une situation extraordinaire à tous égards, des théories qui, négligeant l'élément psychologique, ne répondent qu'aux besoins nés de circonstances normales. Je ne pense pas qu'il soit impossible de concilier ces divergences, à la condition de prendre le souci de l'intérêt national pour règle immuable et unique, et la constatation des faits pour point de départ de toute action future.

Notre premier soin, en examinant l'éventualité d'une guerre économique continuant la guerre au canon quand celle-ci aura cessé, doit être d'évaluer les forces respectives en présence. J'entends bien, — on nous l'a dit assez haut, — qu'il s'agit de nous défendre. Nous allons au-devant d'une attaque. Donc, attaquons les premiers. Ces termes belliqueux sont-ils bien en situation, à propos de tarifs de douane et de règlements de commerce? Passons. Les mesures proposées, à titre de précautions défensives, peuvent être moralement justifiées par l'attitude actuelle de l'Allemagne. Elles n'en conduiraient pas moins à des hostilités réciproques.

Pour en prévoir les résultats, il faut savoir ce que nous avons à redouter les uns des autres ou, plus explicitement, dans quelle mesure les pays aujourd'hui alliés dépendent, au point de vue économique, des pays de l'Europe centrale, et inversement.

Sur le premier point, l'exposé fait par M. Ch. Gide, et publié l'année dernière par la *Ligue des Droits de l'Homme,* est difficilement réfutable, en ses principales parties. L'auteur néglige volontiers l'intérêt du consommateur (français, anglais, italien), bien qu'il ne soit pas négligeable, et se place au point de vue du producteur. Il n'a pas de peine à démontrer, — d'accord avec la *Fédération des Industriels et Commerçants français,* — que nous serons toujours dépendants de l'Allemagne pour quelques matières presque indispensables, et pendant une période nécessairement assez longue, pour divers produits manufacturés ou employés par nos industries. Alors même que nous pourrions trouver ces matières et ces produits ailleurs, si toutes les nations de l'Entente s'associaient au *boycottage* de l'Allemagne, elles se feraient concurrence entre elles pour se les procurer à tout prix, et à leur mutuel désavantage.

A l'exportation, les difficultés seraient encore plus sérieuses. Tous les pays aujourd'hui alliés « se mettraient en quête de débouchés et les chercheraient chez nous en même temps que nous les chercherions chez eux. On verrait les 7 milliards de marchandises françaises, anglaises, russes, italiennes, belges, etc., qui naguère se dirigeaient vers l'Allemagne et l'Autriche, refluer vers les pays de l'Entente, cherchant à s'y caser, et se croiser en tous sens comme des vols d'oiseaux effarés qui ont perdu leurs nids et manœuvrant pour s'installer chacun dans le nid des autres! »

Nous sommes donc dépendants de l'Allemagne, dans une mesure appréciable. L'Italie est dans le même cas. Ce sont les conséquences des situations géographiques et de la distribution des ressources naturelles. Nous pourrons, avec du temps et de l'énergie, réduire cette servitude, en donnant plus d'essor à notre production industrielle. Sans attendre les résultats de cette activité nouvelle, il nous sera facile d'acheter chez des nations amies une fraction importante des 163 millions d'objets fabriqués que nous demandions à l'industrie germanique.

En définitive, les pays alliés de l'Europe occidentale nuiraient à leur commerce en infligeant à l'Allemagne une sorte de quarantaine qui leur fermerait le marché d'outre-Rhin; mais ils peuvent, à la rigueur, se passer des produits allemands. Au surplus, en aucun cas, ils ne s'en passeraient pas, parce que, le sachant ou l'ignorant, ils achèteraient ces produits, démarqués, chez les neutres, en les payant un peu plus cher qu'au lieu d'origine.

Tout autre est la dépendance de l'Allemagne vis-à-vis des Alliés. D'une étude statistique très complète, basée sur documents officiels, et publiée par le *Times* (1), il résulte :

1° Que si l'Allemagne peut, en temps normal, espérer suffire à ses besoins d'alimentation (après avoir reconstitué à grands frais les réserves déjà presque complètement épuisées), il lui est impossible de se procurer les engrais et fourrages nécessaires ailleurs qu'en pays alliés ou neutres. Les matières premières indispensables à ses industries textiles et à la majeure partie de ses industries métallurgiques proviennent presque entièrement des pays avec lesquels elle est en état de guerre. Il en est de même, dans une forte proportion, quant aux cuirs, au caoutchouc, aux bois de charpente, aux huiles végétales, etc. (2).

------

(1) *The Times trade supplement*, septembre et octobre 1917.

(2) « Nous devons envisager la limitation de la consom-

2° Que la valeur du commerce d'exportation de l'empire germanique se partageait comme suit, avant la guerre : 60 0/0 avec les puissances de l'Entente et les Etats-Unis (dont 19 0/0 avec l'Angleterre et ses dépendances), 27 0/0 avec les neutres, 13 0/0 avec ses alliés actuels et ses colonies.

Ces chiffres, d'une exactitude incontestable, remettent au point les appréciations formulées au sujet des dangers d'une future union douanière austro-allemande (*Mittel-Europa*), dont on s'est plu à exagérer l'importance, et dont la réalisation, après la défaite des empires centraux, serait d'ailleurs fort malaisée.

♣

Il est donc parfaitement certain que l'avenir écono-

---

mation pendant longtemps encore. L'Allemagne devra se contenter, pendant les années qui suivront la paix, presque exclusivement des produits tirés de son sol. Le manque de tonnage et la baisse du mark obligeront l'Allemagne à importer aussi peu que possible. »

Ces déclarations émanent du docteur Michaëlis, alors sous-secrétaire d'Etat à l'alimentation (depuis chancelier de l'empire), et publiés dans la *Gazette populaire de Cologne* du 7 janvier 1917. Elles constituent l'aveu de la misère de l'Allemagne après la guerre ; et si le « tonnage » lui manque alors pour importer des céréales, du bétail et des fourrages, il lui manquera aussi pour exporter les produits de ses industries sur les marchés d'outre-mer.

mique de l'Allemagne vaincue sera à la merci des puissances victorieuses. Alors, à quoi bon décider qu'en
signant la paix on inaugurera une politique commerciale s'inspirant de l'intention de paralyser les industries
allemandes? N'est-il pas évident que nos légitimes
prétentions à être indemnisés au moins des dommages
matériels de la guerre reposent sur l'hypothèse de la
solvabilité de l'Allemagne, c'est-à-dire du relèvement
de son crédit. donc de l'activité de ses industries
et de son commerce? On n'espère pas, je suppose,
qu'elle sera en état de payer, sur ses propres ressources et sans retard l'énorme somme représentée
par les dévastations commises en Belgique, dans le
nord de la France, en Serbie, en Roumanie et en
Pologne (même avec le secours du crédit austro-hon-
grois, aujourd'hui à peu près nul), la valeur des
7 à 8 millions de tonnes de navires marchands et de
cargaisons. coulés par ses sous-marins en défi du droit
des gens.

D'autre part. la coalition économique qu'on se propose de former entre alliés d'aujourd'hui rachèterait-
elle par sa solidité les inconvénients qu'elle comporte?
Rien n'est moins certain. à raison même de ces inconvénients qui pèseraient plus lourdement sur certaines

nations que sur d'autres. Si l'une des parties contrac-
tantes, — il faut tout prévoir, surtout le probable, —
cédait, officiellement ou non, à la tentation de prendre
la place laissée par les autres sur les marchés du
centre de l'Europe, n'en résulterait-il pas de fâcheuses
conséquences?

Il semble donc que le parti le plus sage, le plus conforme au désir universel d'une paix bien assise, satisfaisant le mieux aux circonstances particulières qui
doivent accompagner ou suivre de près la fin des hostilités, ainsi qu'aux exigences du commerce international
dans tous les pays intéressés, consisterait simplement,
de la part des gouvernements alliés, à ne prendre aucun
engagement vis-à-vis des ennemis de la veille sans
accord préalable, et pendant une période déterminée;
soit de quatre ou cinq ans, après que les puissances
centrales auraient exécuté toutes les clauses du traité
de paix. Ainsi, chacune des nations alliées garderait sa
liberté d'action pour la défense de ses intérêts, et la
faculté de s'entendre avec les nations amies en toute
indépendance pour développer leurs mutuels échanges.
Les rapports avec l'Allemagne et ses alliés ne seraient
considérés qu'au point de vue des résultats plus ou
moins avantageux qu'on en peut obtenir, et les cou-

rants commerciaux prendraient leur cours naturel, qu'il
est toujours imprudent de contrarier.

⁂

Ces idées ne se sont pas encore répandues dans nos
« sphères » officielles. Cela tient sans doute à ce que
les personnes qui, responsables ou non, s'occupent de
ces graves problèmes, portent leur attention à la fois
sur les conséquences politiques de la guerre et sur ses
conséquences économiques. Il faut, en effet, examiner
les unes et les autres. Ce serait pourtant une fâcheuse
erreur que de les confondre ; et cette confusion existe
dans l'esprit de la plupart de nos hommes de gouvernement. Quand ils affirment la nécessité de fonder la paix
de demain sur la destruction de l'organisme impérial
allemand et placent cette considération au-dessus de
toutes les autres, ils sont dans la vérité de la situation,
parce que l'esprit dominateur et conquérant de l'Allemagne contemporaine sera encore, après la guerre, et
pour longtemps, le plus actif ferment de trouble dans
le monde. Si cet esprit se doit transformer, c'est d'abord
par la suppression de l'instrument politique dont il avait
su se faire une arme redoutable.

Mais on incline à penser que, cette opération faite, il n'y aura plus qu'à prendre des précautions sur le terrain économique. Alors, influencés par tant de révélations au sujet de la supériorité organisatrice des Allemands, jusqu'à lui attribuer une puissance irrésistible, — alors qu'elle est seulement le résultat du travail et de l'esprit de discipline au service d'une volonté persévérante, — nos hommes d'Etat se placent au même point de vue, instinctivement, quand ils considèrent la situation économique. Ils ne voient que la concurrence allemande, comme s'il n'y avait dans l'univers que les Allemands et nous. L'opinion publique, nerveuse et ignorante, est prête à les suivre. La reconstitution de notre fortune passe à l'arrière-plan. Or, ce n'est pas la concurrence du plus affaibli et du plus antipathique des belligérants qui sera, pour la France, *au lendemain de la guerre*, la plus menaçante. Ce sera celle des moins appauvris parmi nos alliés et des plus entreprenants parmi les neutres.

Les périls extérieurs que nous pourrons encore redouter ont leur source, beaucoup moins dans la concurrence commerciale de nos indésirables voisins de l'Est que dans l'état d'esprit de la nation allemande, extrêmement dangereuse, et dont nous ne devons pas espérer une prompte transformation. Sa folie orgueilleuse n'est qu'un accident historique. Mais cette intoxication a été chez elle favorisée par le tempérament de la race, de tout temps imprégnée d'instincts de convoitise et de rapine, adoratrice de la force, inclinée à la servitude parce qu'elle était et est encore inapte à comprendre le sens politique du mot *liberté*. Les symptômes violents de cet état morbide pourront disparaître à la suite de la défaite. Cependant, un contact très prolongé avec des peuples d'une moralité plus haute, respectueux de la justice, fidèles à leurs engagements, sera nécessaire avant que les nations germaniques puissent ajouter à leur civilisation matérielle, déjà si largement développée, la conscience de leurs devoirs envers le reste de la famille humaine.

Nous entretenons à ce sujet une illusion en espérant qu'une puissance rénovatrice réside dans une éventuelle réorganisation de l'Allemagne sur la base d'institutions démocratiques. J'ignore si un tel changement est possible. Je reconnais qu'il est souhaitable. Mais le considérer comme devant avoir pour conséquence immédiate, ou seulement prochaine, une transformation de la mentalité teutonne, est assurément une erreur. L'asservissement de la pensée à l'ambition nationale, la conception

fondant la civilisation sur le libre jeu des instincts domi-
nateurs, la glorification de la force, sont encore à l'état
irréductible dans l'âme allemande. On a dit : un traité
de paix ne peut contenir une déclaration de guerre. La
formule est heureuse. Seulement, l'heure n'est pas venue d'en faire l'application. Le futur traité de paix
sera, comme tous les traités, un contrat. Mais il sera
aussi un verdict. C'est un phénomène nouveau dans
l'histoire.

Un crime, dont plusieurs millions d'hommes sont victimes, a été froidement, méthodiquement prémédité. Il
avait pour but une satisfaction d'intérêt. Son exécution
a été accompagnée de toutes les circonstances aggra-
vantes imaginables: félonie, insolence, rapacité, cruauté,
vandalisme. Tout un peuple en fut complice. Il a salué
de ses applaudissements ce que ses chefs appelaient
« la guerre fraîche et joyeuse ». Il s'est vanté de son
forfait autant qu'il a pu croire l'accomplir impunément.
Ce crime doit être châtié. Après quoi, le coupable réduit à l'impuissance pourra s'abandonner à de salutaires
réflexions. Toute déviation de ce point de vue exposerait
la civilisation, telle que la conscience moderne l'entend
et la veut, aux plus graves périls, dans un avenir peu
éloigné. Ce n'est point pour l'établissement du suffrage

universel en Prusse et l'institution d'un régime vraiment
parlementaire en Allemagne que nous nous battons.
C'est pour assurer la paix du monde à l'extrême limite
du possible.

Il est à peine utile d'ajouter que, de toutes les garanties à prendre contre une nouvelle agression, certaine
dès qu'elle sera possible, la plus nécessaire, en ce qui
concerne la France, est la reprise de nos frontières
naturelles, celles de 1792. Nous savons ce que valent
les « chiffons de papier » pour les gens d'outre-Rhin.
Ce serait donc une folle imprudence que de ne pas
mettre entre nous et l'invasion la barrière créée par la
nature, seule protection efficace de notre sécurité.

L'Allemagne doit rester derrière le Rhin. Il ne s'agit
pour nous ni de conquérir des territoires, ni d'asservir
des populations, mais d'occuper une ligne de défense
en deçà de laquelle aucune autorité militaire allemande
ne pourra avoir accès. Le « plus jamais », énergiquement proclamé par les chefs des gouvernements des
puissances alliées, interprètes du sentiment universel,
n'a qu'une interprétation concrète, c'est « la France
montant la garde sur la rive gauche du Rhin ». Quant
à l'autonomie administrative, même à certains égards
politique, qui pourra être concédée au pays rhénan,

c'est une question de tact et de bienveillance. L'ayant résolue une première fois, nous pourrons la résoudre une seconde.

Il y aura d'autres garanties à exiger. Il y aura aussi des condamnations personnelles à prononcer contre ceux qui, au cours de la guerre, ont ordonné des crimes de droit commun ou violé les conventions que l'Allemagne avait promis de respecter. Il y aura de lourdes indemnités à faire payer, et des gages à retenir pour leur paiement. Tout cela en conséquence de notre devoir d'exercer la justice, laquelle est due aux nations comme aux citoyens. Cette œuvre, complétée par certaines libérations et « désannexions » restituant leurs droits aux habitants de territoires indûment soumis à des autorités étrangères, sera essentiellement politique.

♣

Je reviens à la question commerciale, aux conditions nouvelles créées par la guerre. La vie normale reprendra son cours. Les rapports d'échanges se rétabliront, entre tous les peuples, sur la base, après peu de temps, des besoins de l'époque antérieure. Cela est nécessaire et, heureusement, inévitable. Quels pourront être ces rapports avec l'ennemi vaincu pendant la longue période qui s'étendra entre la conclusion de la paix et le rétablissement des relations de bon voisinage avec l'Allemagne?

Ici prend toute sa valeur la contradiction que je signalais plus haut. L'esprit public, chez les Alliés, semble vouloir transporter dans l'ordre économique la sévérité dont il hésite à faire preuve dans l'ordre politique. En celui-ci, il lui paraît suffisant d'abattre « le militarisme prussien ». Ce « militarisme », pourtant, n'est autre chose qu'un état d'esprit particulier aux habitants de la Prusse, et dont le reste de l'Allemagne est loin d'être exempt. S'il doit disparaître, ce ne sera point par obéissance aux clauses d'un traité. Notre affaire n'est pas de moraliser les Prussiens. Elle est de les battre, et après les avoir battus, de les désarmer.

Mais après avoir exercé contre eux notre droit de justice, après les avoir mis hors d'état de nuire, convient-il de les mettre hors d'état de vivre? Allons-nous instituer un blocus économique contre les cent millions d'individus formant la population du centre de l'Europe, alors que nous prétendons fonder la paix dans le monde entier? C'est une question qui mérite d'être examinée de près.

Je ne parle pas des mesures provisoires ayant pour
but de satisfaire, dès la cessation des hostilités, à nos
besoins d'alimentation et de matières premières immédiatement indispensables. Les Alliés ont le droit, même
le devoir, de se réserver mutuellement leurs ressources
avant que de prêter assistance à leurs ennemis. Il faut
donc prévoir au moins quelques semaines de transition,
sous un régime où l'intervention de l'Etat continuera
à régler nos exportations et nos importations. Je laisse
aussi complètement à part toute considération humani-
taire et sentimentale. J'admets que nous soyons libres
de commercer comme nous le voulons avec qui nous
voulons. J'approuve même les associations qui se proposent de boycotter les produits allemands après la
guerre, sauf à payer un peu plus cher les mêmes produits fabriqués chez nous ou chez nos amis. Je les
approuve, parce qu'il est bon que les Allemands sachent
bien que la réprobation encourue par eux, d'un cœur
si léger, est un sentiment profond et durable. Cela favo-
risera ces réflexions salutaires dont je parlais tout à
l'heure. Mais l'expression de ce sentiment n'est que la
légitime manifestation de volontés individuelles, l'exercice de la liberté de chaque citoyen. L'Etat, directeur
de la politique commerciale de la France, ne doit avoir

en vue que l'intérêt du pays. Il n'a point à se préoccuper
de ce qui sera agréable ou désagréable aux Allemands,
mais de la reconstitution de la fortune publique. C'est
l'œuvre capitale.

Son devoir est donc de considérer dans son ensemble
la situation économique créée par la guerre, en examinant quelles facilités nous avons de l'améliorer et quelles difficultés rencontreront nos efforts. Dès notre ren-
trée dans la concurrence universelle, le seul moyen de
rétablir notre crédit sera la production intensive, organisée de manière à réduire les prix de revient et à développer l'exportation. Je ne suppose pas qu'on cherche la
diminution des prix de revient dans la diminution des
salaires. Il faut donc que ce soit dans le bon marché
des matières premières ou des produits nécessaires à
l'industrie, et dans les perfectionnements de l'outillage.
A-t-on fait le relevé des matières et des machines que
l'Allemagne pourra nous livrer, et pendant longtemps,
au meilleur compte que n'importe quel autre pays?
Nous voulons développer notre exportation, nous en
avons absolument besoin, et nous commencerions par
nous fermer un marché sur lequel, avant la guerre, nous
vendions, en chiffre rond, pour 850 millions de francs!
Avons-nous oublié que, jusqu'en 1910, nos exportations

en Allemagne dépassaient les exportations d'Allemagne
en France, et qu'en 1913 l'excédent de ces dernières
n'était que de 200 millions, sur un volume d'échanges
réciproques de plus de 2 milliards?

Je résume. Nous avons un très grand intérêt, dominant tous les autres, à ce que le traité de paix nous
donne, politiquement, les plus solides garanties contre
une nouvelle agression militaire de l'Allemagne. Nous
avons aussi, en commun avec nos alliés, un grand intérêt à prendre, et de concert avec eux, de sévères précautions *légales* contre les procédés incorrects, sournois
ou agressifs, du commerce étranger, non pour le paralyser, mais pour le moraliser. Le commerce allemand
sera le plus atteint, sinon le seul; et ce sera bien fait.
Dans cette intention, il nous faut revoir notre législation
et nos règlements en matière de transports, de navigation, de douane, de sociétés industrielles, comme-
ciales et financières, de marques de fabrique, de brevets,
de naturalisations et de police, qui ont d'ailleurs grand
besoin d'être simplifiés, précisés et adaptés aux conditions modernes des affaires. Nous n'avons *aucun intérêt*
à nous lier, fût-ce avec nos plus intimes amis, par des
accords spécialement dirigés contre l'Allemagne. Nous
devons, au contraire, à moins d'intolérables et peu pro-

LA POLITIQUE ET LES AFFAIRES

tables manifestations hostiles, nous abstenir de tout ce
qui peut conduire à une guerre économique contre qui
que ce soit.

Qu'il soit bon de surveiller la concurrence allemande,
c'est l'évidence même. Mais il faudra surveiller aussi
les autres concurrences, celles que, sur tous les marchés, y compris les nôtres, nous feront, dès les premiers
jours de paix, nos excellénts et chers alliés, anglais,
américains, italiens, japonais, etc... Nos sympathies
pour ces frères d'armes ne changeront rien aux conséquences économiques de leur activité industrielle et
commerciale. Si déjà, moins atteints que nous dans
leur fortune, ils sont en outre mieux organisés pour la
grande production et pour l'exportation, nous serons
vis-à-vis d'eux dans un état d'infériorité qui se manifestera par un retard de notre relèvement.

De tous nos concurrents dans la lutte pacifique où
nous serons engagés, l'Allemagne, je le répète, n'est
pas le plus à craindre, car elle sera totalement ruinée.
Ne parlons ni des charges que lui imposera le traité
de paix, ni de l'énorme dette intérieure dont il lui sera
peut-être impossible de payer les arrérages, ni des impôts dont elle sera accablée, ni de l'affaiblissement de
sa puissance productrice résultant de la réannexion à

la France de ses meilleurs bassins miniers. Négligeons
la perte de territoires fertiles, la coûteuse nécessité de
reconstruire sa flotte de commerce anéantie ou confis-
quée et l'abandon forcé de toute politique coloniale.
Ses besoins immédiats seront hors de toute comparai-
son avec ses possibilités de vente. Il lui faudra, pendant au moins quatre ans, importer cinq millions de
bestiaux et quatre millions de porcs. A quels prix? Il
lui manquera trois à quatre cent mille tonnes de cuivre,
de zinc, de manganèse, de caoutchouc, de nickel, de
coton et de laine. C'est la débâcle économique, complète, irrémédiable.

Les Allemands s'en relèveront. Mais non pas avant
que nous ayons eu le temps de panser nos blessures,
de rétablir un bon fonctionnement de nos industries et
d'amortir la majeure partie de nos dettes, si nous voulons bien comprendre, une fois pour toutes, que les
autres concurrences étrangères seront pour nous plus
redoutables que la leur; et que, de nos jours, on n'ob-
tient de succès durables dans la concurrence générale
qu'en portant au plus haut degré de perfection les industries auxquelles se prêtent les ressources du territoire,
puis en organisant avec soin et méthode le mécanisme
du commerce.

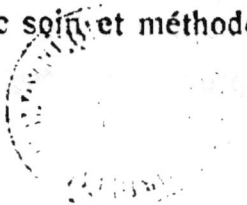

7

*
**

Avant de clore ces remarques sur les conditions nouvelles du commerce international résultant des pertes
matérielles subies par les belligérants, il convient de
signaler un fait qui ouvre à ceux-ci quelques facilités
de réparer ces pertes en favorisant l'exportation de
leurs produits. Ce fait est la conséquence des importants paiements en or qu'ils ont dû effectuer pour sol-
der en partie leurs achats pendant la guerre. L'affluence
du métal jaune aux Etats-Unis et dans les autres pays
où ces paiements ont eu lieu y a provoqué une hausse
considérable des prix Il y a là un phénomène économique sur lequel on a rarement appelé l'attention. Sous
certaines réserves, dont nous n'avons pas le loisir de
donner le détail, l'addition d'or au stock monétaire d'un
pays y détermine une hausse des prix proportionnelle à
cette addition. Autrement dit, la monnaie perd une partie de sa valeur; ce qui est d'ailleurs facile à expliquer.
Si les prix ont monté, une plus grande somme de monnaie est nécessaire pour acheter la même quantité
d'objets, et inversement. Aussi tout est-il fort cher dans
les pays producteurs d'or.

La hausse anormale des prix se maintiendra aux

Etats-Unis, après la guerre, et dans les pays où la situation du *stock* métallique est analogue, *autant qu'il y aura un grand excédent d'or* sur les besoins de la période antérieure. L'importation y sera donc favorisée, et l'exportation, du fait de l'élévation des prix de revient, difficile.

La même observation s'applique à toute monnaie, même de papier. C'est ainsi, par exemple, que le renchérissement du prix de la vie en France, depuis deux ans, ne provient qu'en partie, et pour beaucoup de produits en minime partie, de la rareté des matières ou objets demandés. Mais nous avons 22 milliards de billets de banque en circulation, et nous allons en avoir 24, tandis qu'en temps ordinaire 5 à 6 milliards (or, argent et billets) suffisaient à nos besoins. L'instrument d'échange est déprécié par rapport à la matière échangeable. Il l'est de plus en plus, parce qu'il est de plus en plus abondant.

Après la conclusion de la paix, l'arrêt des dépenses de guerre coïncidera avec l'arrêt de l'émission des billets de banque, et nous commencerons à réduire la circulation de ceux-ci, devenus de moins en moins utiles. En même temps, les Etats-Unis se débarrasseront de leur trop-plein d'or, déjà stationnaire, au moyen d'achats

eu d'ouvertures de crédit. Un équilibre tendra à se rétablir. Durant toute cette période, l'écart des prix se
maintiendra, bien que décroissant, en faveur des pays
exportateurs dont la monnaie (tel notre billet de banque)
restera, dans une certaine mesure, dépréciée. Nous ne
manquerons donc pas d'acheteurs pour n'os produits,
pendant ce temps-là, tout au moins chez les nôtres.
Mais il faudra « produire » et exporter en abondance.

❖

L'affaiblissement du crédit des belligérants jouera
un rôle considérable dans la réorganisation des relations commerciales internationales après la cessation
des hostilités. Si la dépréciation de leur monnaie de
papier doit faciliter leurs exportations pendant une certaine période, d'autres éléments plus puissants agiront
en sens contraire pour limiter ces exportations en
gênant le développement de la production et en obligeant d'en réserver une partie anormalement importante à la consommation nationale.

La production sera entravée par la diminution de
l'effectif des travailleurs valides (dont j'ai parlé plus
haut), l'obligation de refaire les stocks de matières pre-

mières d'importation, et le délai nécessaire à la reconstruction ou la remise en état des usines et manufactures, ainsi que de leur matériel. Quant à la nécessité de réserver à la consommation nationale une plus grande part de la production du pays, elle résulte du fait d'avoir à effectuer beaucoup de réparations et à reconstituer des approvisionnements en rapport avec une consommation normale. Les fortes importations nécessitées par la remise en mouvement des industries seront fort coûteuses, tant que le change nous restera défavorable.

Un autre élément financier va peser d'un poids bien lourd, après la conclusion de la paix, sur les belligérants, même sur les vainqueurs, et très durement sur la France, car notre politique budgétaire, imprudente avant la guerre, fut prodigue jusqu'au gaspillage depuis l'ouverture des hostilités. Cet élément, c'est la dette, conséquence des énormes emprunts que les nations combattantes ont dû émettre, auxquels s'ajouteront encore quelques autres d'un respectable volume. Déjà les dettes de la France et de l'Angleterre sont presque triplées ; celle de l'Italie le sera probablement avant peu. En dépit des plus ingénieux expédients, l'impôt et la réduction des dépenses publiques sont les seuls

procédés à la disposition d'un Etat pour payer les intérêts de ces emprunts et, s'il le faut (il le faudra bien
cette fois), les amortir progressivement.

En France, les économies qui pourront être réalisées
(sur les budgets d'avant la guerre), par la réduction de
certaines dépenses militaires, la décentralisation intelligente de notre système administratif et l'abandon de
nos habitudes de mendicité électorale, seront en grande
partie compensées, — en tout cas, elles devraient l'être.
— par la prompte exécution des travaux publics (ports,
chemins de fer, routes, canaux, reboisements, etc.) et
l'assistance de l'Etat aux recherches scientifiques de
tout ordre, notamment de l'ordre de l'application des
sciences à l'industrie. Nous avons peu à attendre, —
j'en ai déjà fait la remarque, — des indemnités de
guerre; tout au plus la réparation des dommages matériels et les ressources nécessaires au paiement des pen-
sions militaires. L'importance croissante de ces dommages, la ruine, aujourd'hui certaine, des finances
allemandes à la fin du conflit, et l'entrée en campagne
de nouveaux alliés, ont concouru à restreindre la part
qui pourra revenir à chacun des Etats victorieux sur la
rançon de la défaite de leurs ennemis.

En résumé, c'est à une augmentation considérable

des charges imposées à leurs populations que les pays belligérants devront demander la plus grande partie des ressources employées au rétablissement de leur crédit. Il faut envisager de sang-froid cette désagréable perspective, l'accepter d'un cœur viril, et ne confier le soin de nos affaires qu'à des hommes d'esprit sage et de caractère résolu. Car les nations qui n'appliqueraient pas cet énergique remède perpétueraient un dangereux état d'infériorité vis-à-vis de celles que la guerre n'a pas touchées ou qui, bien qu'à demi ruinées, n'auraient pas reculé devant les sacrifices nécessaires.

Malheureusement, le poids des impôts n'est pas une gêne seulement pour le confort des individus. Il se fait sentir en toutes directions, il atteint aux sources de toute activité, restreint les marchés, fait obstacle aux initiatives, aux études et expériences, qui sont à la base de tout progrès économique. Il se répercute donc sur les facultés d'expansion du commerce international; et rien ne peut compenser son action retardatrice, sinon l'amortissement des dettes publiques jusqu'à ce qu'elles soient ramenées à un niveau raisonnable.

L'entreprise de payer les intérêts de notre formidable dette d'après-guerre, et de l'amortir, de façon à la réduire, en quelques décades, à ce qu'elle était aupara-

vant, n'est pas au-dessus de nos forces. On estimait en
1913 que la France (c'est-à-dire les Français) économi-
sait un peu plus de 6 milliards par an. L'évaluation est
contestable, car le calcul en repose sur des données
bien incertaines. Mais on peut fixer les idées par un
calcul exact, bien qu'hypothétique, pour faire voir comment l'épargne peut réaliser les milliards. Veuillez
chercher quelle somme représenterait une épargne
moyenne de 0 fr. 50 par jour faite par chaque Français. Vous trouverez que 40 millions de Français auront
économisé en une année 7 milliards et 300 millions;
soit, en dix ans, *sans tenir compte des intérêts*, 73 milliards.

Quand il s'agit de libérer la nation d'une dette qui
paralyse ses mouvements, l'impôt est l'épargne obligatoire, contribution aussi nécessaire que le service militaire obligatoire et l'instruction primaire obligatoire.
C'est la part que chacun doit à la patrie, à sa sécurité
contre l'agresseur, à sa puissance de production, à son
rayonnement au dehors.

*
* *

Le contraste entre l'affaiblissement des belligérants
de la première heure et le maintien, sinon l'accroisse-

ment, de la puissance économique des *pays neutres* a créé des perturbations dans les mouvements du commerce international. Les courants commerciaux actuels sont trop influencés par la guerre pour fournir d'utiles indications sur leur orientation nouvelle après la paix. Cependant certaines dérivations peuvent être prévues, parce qu'elles sont inévitables; d'autres peuvent être constatées, que la fin des hostilités ne supprimera pas.

Parmi ces dernières, il faut signaler d'abord la prépondérance que viennent d'acquérir les Etats-Unis sur les marchés de l'Amérique du Sud. Depuis longtemps, la grande république dont M. W. Wilson dirige les destins poursuit le projet d'établir sa suprématie sur l'autre Amérique. Nulle ambition n'est plus chère à ses hommes d'Etat et ne les séduit davantage. Ce projet est à deux faces, l'une politique, l'autre commerciale; et sous ces deux formes le gouvernement de Washington s'est employé à le réaliser avec une persistance que de nombreux échecs n'avaient point lassée. La guerre européenne lui a offert une occasion trop favorable pour n'être pas immédiatement saisie. On s'est donc empressé d'ouvrir de nouvelles négociations en faisant valoir la nécessité dans laquelle (selon la théorie des Américains du Nord) se trouvent les nations faibles de rechercher l'appui des nations fortes,-- et sympathiques, -- afin de se protéger contre d'éventuelles agressions. L'exemple donné par l'Allemagne de la violation des traités pourrait, a-t-on dit, être suivi par d'autres. Il faut donc que les Amériques s'unissent afin de conjurer ce péril.

L'argument eût sans doute paru médiocre et le prétexte invraisemblable si le gouvernement des Etats-Unis n'avait pris soin d'y joindre des offres d'une nature substantielle. A la fin d'avril 1916, l'Argentine, le Brésil et le Chili ont reçu le texte d'un projet en bonne forme pour la constitution d'une alliance politique défensive et d'une alliance économique intime entre tous les pays des deux continents américains (hormis le Canada, naturellement). La partie la plus intéressante de cette suggestion amicale est, pour les Américains du Sud, l'octroi de la franchise douanière sur les cuirs, le caoutchouc, le cacao, le café et les matières colorantes végétales de provenance de leurs pays. Accompagnée d'un si riche cadeau, la proposition devait être bien accueillie. Elle le fut; et les Etats-Unis, qui déjà avaient pris la place abandonnée par les belligérants d'aujourd'hui, se flattent de la conserver. Ils pensent, après la guerre, rester les seuls fournisseurs, ou à peu près, des républiques du Sud-Amérique, sauf à être aussi les principaux acheteurs de leurs produits, acquérir de la sorte un quasi-monopole des transactions, puis, à la faveur des rapports financiers et autres que feront naître et que développeront ces échanges, devenir les contrôleurs et régulateurs de toutes les affaires des deux Amériques.

Ce rêve superbe nous paraît d'une réalisation improbable, en dépit des accords récents, car le seul sentiment commun aux populations des Etats-Unis de l'Amérique du Sud est une passion d'indépendance. Il se prêterait mal, chez ces dernières, au fonctionnement d'une alliance étroite avec un voisin trop puissant. Entre ces races si dissemblables, on chercherait en vain le germe d'une affinité quelconque. Peuvent-elles se pénétrer, ou même se comprendre? Notre chère amie et alliée transatlantique se fait peut-être illusion en se croyant destinée au rôle de tutrice des peuples de l'Amérique latine.

Elle n'en occupe pas moins aujourd'hui sur leurs marchés une situation dominante; et nous n'y pouvons espérer quelques succès qu'en concentrant nos efforts sur des produits dont l'industrie des Etats-Unis aurait peine à soutenir la concurrence. Encore faudra-t-il

ouvrir largement nos portes aux produits sud-améri-
cains, qui sont de grande consommation et seront offerts
à des prix avantageux, après le rétablissement normal
des communications. Si les protectionnistes français en
éprouvent quelques déceptions, elle sera compensée
par l'avantage, s'étendant à tous les consommateurs de
France, de pouvoir se procurer à bon marché des produits de première nécessité qu'ils ont payés fort cher
jusqu'à présent. La culture des orangers en serre
chaude est une médiocre opération quand on peut avoir
de belles oranges étrangères à cent sous le cent; et ce
qui est vrai pour les oranges l'est aussi pour le *roast-
beef,* au moins dans une large mesure.

Le commerce des pays neutres a naturellement été
affecté par la guerre dans de fortes proportions, accen-
tuées par les besoins croissants des belligérants et par
les exigences de quelques-uns de ces derniers. L'Allemagne, anxieuse d'être ravitaillée et d'empêcher l'Angleterre de l'être, a dépassé, dans ses rapports avec les
nations plus faibles qu'elle, la « pression diplomatique »
jusqu'à recourir à la simple piraterie, exercée avec

une impitoyable rigueur. Ses sous-marins ont coulé les navires de commerce neutres, avec ou sans avertissement, et, à certaines époques, paraissant même les rechercher de préférence aux navires battant pavillon ennemi. La flotte marchande norvégienne a été réduite de plus d'un quart par ces barbares destructions. Celles de la Suède et de la Hollande, malgré les grandes complaisances de ces deux pays envers l'Allemagne, n'ont été guère plus épargnées. Personne, avant la déclaration allemande de décembre 1916, relative à la guerre sous-marine, ne se fût permis de supposer qu'un gouvernement européen assumerait de telles responsabilités.

Cependant, les exportations des Etats-Unis ont augmenté de 83 0/0 pendant leur période de neutralité. A l'exception de la Suisse, placée géographiquement dans une situation très défavorable, tous les neutres d'Europe ont profité de la guerre. Les Etats du Nord ont réalisé sur l'Allemagne d'énormes bénéfices.

Les pertes en navires subies par les marines de commerce des pays neutres sont donc de minime importance en raison des profits qu'ils ont réalisés; et c'est sans doute pourquoi il ne faut pas mettre au seul compte de la timidité le peu d'énergie de leurs protestations contre l'inhumanité des Allemands dans la conduite de la guerre. « Il y a du bon dans les pires choses », disait Gœthe. Les négociants et les industriels suédois, danois, hollandais, norvégiens sont payés, — c'est le cas de le dire, — pour trouver qu'il y a « du bon » dans une guerre qui fait si allègrement marcher le commerce.

Nous trouverons donc ces neutres enrichis au lendemain de la paix. Ne nous en plaignons pas trop. Les nouveaux riches sont dépensiers. Les Alliés trouveront en eux de bons clients. Par ailleurs, si ces gros bénéfices apportent aux industries d'exportation quelques facilités de développement, ce ne sera là qu'un phénomène passager. La vraie richesse d'un pays n'est pas dans une accumulation accidentelle de capitaux. Elle est dans ses facultés *naturelles* de créer des capitaux et dans l'aptitude de sa population au travail intelligent qui fera fructifier les capitaux créés. Ces facultés subsisteront dans les pays scandinaves, en Hollande, en Espagne, après que la source des profits de guerre aura été tarie; mais elles seront ce qu'elles étaient avant. N'ayant pas subi le grand choc qui a réveillé nos énergies, ouvert nos yeux à la contemplation de nos ignorances, les pays neutres sentiront moins que nous le besoin d'une rénovation; et s'ils nous accompagnent, ainsi que nous l'espérons, dans la voie des progrès économiques, ce n'est pas le gain inattendu de quelques centaines de millions qui leur donnera une assez forte impulsion pour nous y devancer. En attendant, ménageons des marchés si bien pourvus de crédit et de numéraire.

⁂

Une conception nouvelle des rapports internationaux se forme, pendant la période actuelle, sous l'impression des événements de guerre et de leurs conséquences, si graves, si variées, parfois si imprévues. Elle aussi apporte un facteur de perturbation qui se fera sentir dans l'économie générale du commerce, dans ses méthodes, dans sa législation, et même, pendant un certain temps, fera dévier les courants commerciaux de leurs voies naturelles.

Nous ne parlons pas ici des intentions vaguement exprimées déjà par les hommes placés aujourd'hui à la tête des gouvernements alliés ou neutres, dont la plupart ne sont déjà plus les hommes d'hier et, probablement, ne seront pas ceux de demain. Ce que nous voudrions connaître, disons plutôt deviner, c'est le résultat

du travail qui s'est fait et se continue dans les esprits
à la suite de tant de révélations, de souffrances et
d'ébranlements; c'est, en un mot, *la leçon* qui, dans la
masse des populations où se mêlent les sentiments
impulsifs des foules, les théories des politiciens, les
calculs des économistes et les systèmes des philosophes,
se dégagera, au lendemain de la dernière bataille, dic-
tant la politique future et préparant l'avenir.

Plus que les changements constatés dans la situation
matérielle des pays belligérants, la conception nouvelle
des rapports internationaux influera sur les conditions
du commerce entre les peuples, parce que cette conception survivra au relèvement des ruines accumulées
par la guerre. C'est en se plaçant à ce point de vue
qu'il est permis d'annoncer l'avènement d'un ordre de
choses nouveau, et non en prétendant que la guerre a
donné un démenti aux règles fondamentales des relations d'échanges entre les peuples. Elle les a confir-
mées, au contraire, en démontrant l'erreur et signalant
les périls de toute politique fondée sur une théorie
d'impérialisme, même déguisée sous le nom d'économie politique nationale.

Encore, et pour un long temps, anxieux de l'annonce
d'événements qui libéreront nos inquiétudes, nous man-

querons du sang-froid nécessaire à l'appréciation de l'avenir prochain. Mais nous le sentons dominé par l'universelle résolution de réduire à l'impuissance l'esprit de domination et de discorde. Le seul résultat dès maintenant certain de la guerre actuelle est d'avoir converti le monde civilisé à l'horreur de la guerre. Dans le monde « civilisé », nous ne comprenons pas l'Allemagne d'aujourd'hui. Après la désastreuse faillite de ses prétentions, un sentiment pacifique naîtra peut-être chez elle. Il n'y grandira pas, on le doit craindre, sans quelques convulsions; et c'est ce qui complique singulièrement, à tous les points de vue, le problème des rapports internationaux qui n'est, en somme, que celui de la consolidation de la paix.

Toutefois, abstraction faite des pays allemands, cette ferme et impérieuse volonté de ne plus jamais tolérer le retour de pareille catastrophe ouvre une voie nouvelle. Il ne faut pas oublier l'histoire, surtout l'histoire contemporaine. Ce grand amour de la paix date bien de l'heure présente. Avec quelques différences d'attitudes ou d'ambitions, toutes les grandes nations, sauf la France, trop directement menacée et trop occupée de ses querelles intérieures, s'étaient engagées, au moins pour quelque temps, dans des chemins dangereux où la guerre seule a pu les arrêter. L'Angleterre, aux dernières années de la reine Victoria, au temps où Joseph Chamberlain était l'idole du peuple britannique, croyait à sa mission de régénérer le monde. En 1893, Lord Rosebery, ministre des Affaires étrangères, déclarait aux délégués des colonies : *It should ever be remembered that the aim of the race is to mould the world according to Anglo-Saxon ideas* (1). Les rudes leçons de la guerre en Afrique du Sud, le bon sens du roi Edouard et la menace allemande ont ramené l'Angleterre à des vues plus raisonnables. La Russie n'avait pas de si hautes prétentions; mais dans le même temps et jusqu'en 1904, elle avançait en Asie, indéfiniment. Il lui a fallu se heurter au Japon pour reprendre son équilibre, de nouveau gravement compromis par de tout autres causes. L'Allemagne, plus aventureuse, affolée d'orgueil, s'étant ruée à la conquête de l'univers, trouve aujourd'hui la ruine là où les autres n'avaient rencontré que des avertissements.

C'est justice. Mais si elle a donné un très mauvais exemple, il faut bien reconnaître qu'elle n'en avait pas

---

(1) « N'oublions jamais que la mission de notre race est de façonner le monde d'après les idées anglo-saxonnes. »

reçu que de bons. Les Etats-Unis eux-mêmes n'avaient-ils pas été touchés d'ardeur belliqueuse et de fièvre annexionniste quand ils sont partis en guerre contre l'Espagne?

Le rappel de ces souvenirs récents montre que les gouvernements qui ne préparaient pas la guerre s'y exposaient assez volontiers. Maintenant, on veut que disparaissent les imprudences aussi bien que les menaces. On réclame une paix très solide, durable, garantie; et c'est justement parce qu'ils la veulent ainsi que les Alliés continuent la guerre. Mais quand on veut la fin, on veut les moyens. Les causes de conflit étant, de nos jours, surtout économiques, il faut donc vivifier, dans le domaine économique, les éléments pacificateurs aux dépens des éléments perturbateurs; ce qui revient à dire : favoriser les échanges et substituer, autant que possible, le principe de coopération internationale à celui d'isolement national.

Malheureusement, si cette conclusion, formulée en termes généraux, est presque universellement admise, dès qu'il s'agit d'entrer dans la voie des réalisations pratiques, les objections s'élèvent de toutes parts. J'ai déjà signalé l'erreur de vouloir poursuivre, à tous risques et par tous les moyens, la guerre économique

contre nos ennemis d'aujourd'hui, après la conclusion
de la paix. Ayant indiqué à ce sujet les réserves et
les précautions nécessaires, je n'y reviendrai pas.
Mais, indépendamment de ce que peuvent conseiller
ler nos légitimes appréhensions, il faut constater que,
même entre Alliés, l'esprit de confiance et d'union,
en matière commerciale, ne se manifeste pas encore
avec énergie. Ainsi, la proposition de s'engager mutuellement à ne pas faire d'arrangements commerciaux
avec les ennemis de la veille, pendant une certaine période, sans le consentement des autres Alliés, n'a même
pas été discutée dans les Conférences économiques;
celle d'adopter un système uniforme de poids, mesures
et monnaies, qui serait nécessairement le système mé-
trique, ne l'a pas été davantage (1).

Il est convenu, en principe, par les gouvernements
de l'Entente, que, dans toute la mesure du possible, on
s'assistera mutuellement. Les assurances les plus amicales ont été échangées. Elles sont sincères, n'en dou-

---

(1) A noter toutefois l'initiative prise à la fin de 1916 par
l'Association des Chambres de commerce anglaises en faveur
de la « décimalisation » de la monnaie et de l'adoption de
mesures métriques. Ni le gouvernement ni le public ne parais-
sent apprécier l'importance et l'urgence de cette question.

tons pas. Seulement, aucun accord positif n'est venu les confirmer, et quand sonnera l'heure de la paix, on en sera, selon toute vraisemblance, au même point. Compter sur les sympathies réciproques pour améliorer les relations commerciales est pourtant moins sûr que d'établir les bonnes relations commerciales pour conserver les sympathies réciproques.

Donc nous assistons à un curieux et double phénomène de psychologie gouvernementale, peut-être nationale. Après quarante mois d'une lutte armée d'une violence extrême, soutenue vigoureusement, nous n'avons pas encore « l'esprit de guerre », fait de décision, de prévoyance, de discipline, de volonté inflexiblement tendue vers son objet. Cet esprit n'existe que sur le front. Partout ailleurs, notre courage prend la forme d'une calme résignation, et notre confiance se traduit par un singulier attachement aux habitudes, aux manières de voir, de vivre, de raisonner et d'agir du temps de paix, quoique nous sachions parfaitement que tout cela est hors de saison, et peut même devenir dangereux.

D'autre part, quand notre attention s'arrête sur la reprise d'une existence normale, à la fin de la guerre, la nécessité d'inaugurer une politique favorisant les échanges internationaux, instruments de paix, créateurs de confort, c'est-à-dire une politique de collaboration entre peuples amis, apparaît évidente. Pourtant, le vieil esprit de lutte, de méfiance, de combativité, persiste. L'idée de bataille se maintient dans notre conception du commerce, avec la prétention de vendre le plus possible en achetant le moins possible. On prépare en conséquence de nouvelles machines, soi-disant défensives, destinées à tenir à distance les produits de l'étranger. Nous ne voulons ni voir, ni savoir que cet esprit est celui-là même qui, chez nos voisins de l'Est, a tant contribué à déterminer la catastrophe dont nous sommes résolus à éviter le retour. Je ne veux pas dire que l'une quelconque des puissances alliées conserve encore des tendances à l'impérialisme, mais seulement que la majorité d'entre elles reste attachée à une conception des rapports internationaux peu favorable à la consolidation de l'état de paix dans le monde.

En résumé, et ne considérant que le peuple français, si sa mentalité générale lui permet de s'adapter aux *circonstances*, comme l'ont prouvé ses soldats supportant avec un magnifique entrain l'infernale vie des tranchées, et ses civils, vieillards, femmes et enfants, dont l'activité a su maintenir la vie nationale, aux champs, dans les manufactures, dans les usines, il paraît manquer du ressort nécessaire pour s'orienter dans la direction du *prévu*. Les Français chérissent leurs erreurs, même après les avoir reconnues.

✿

Cette constatation est-elle définitive? Je ne le pense pas. L'esprit français, rebelle aux raisonnements, surtout pendant les époques troublées, se soumet sans effort aux évidences et s'est montré capable de brusques évolutions. Déjà le choc de la guerre, disions-nous, l'a réveillé. La paix aussi produira un choc, qui le mettra en présence d'un problème aussi grave que celui de la guerre : la nécessité d'une rénovation. Pourquoi la volonté de le résoudre ne s'emparerait-elle pas de la masse populaire, s'il existe en France assez de patriotes intelligents, honnêtes et éclairés, pour lui servir de guides?

En faveur de cette hypothèse, on peut remarquer que, parmi les opinions nouvelles, nées sous l'impression du déclenchement et des péripéties de la guerre, se trouve la méfiance à l'égard des combinaisons diplomatiques et de la qualité de leurs résultats. La réputation de soli-

dité des conventions internationales a reçu des atteintes
dont elle ne se relèvera pas aisément. D'autre part, l'esprit public, en remontant au delà des responsabilités
de la guerre, s'est rendu compte des dangers que comporte l'indifférence nationale au sujet de la politique
extérieure, notamment en matière commerciale et financière. Il n'est donc pas improbable qu'il puisse s'élever
à une conception plus juste des rapports commerciaux.
On le verrait alors se soumettre de plein gré aux conditions qu'imposent les transformations modernes, et
qu'imposera avec une plus grande rigueur la sévère
concurrence née des désastres de la guerre.

Au surplus, si le bon sens de la nation française
n'était pas encore suffisamment éclairé pour la rappeler
au sentiment de ses intérêts, de brutales réalités ne
tarderaient pas à la remettre dans le chemin de la raison. Nous entendons dire que « le peuple », après la
paix, réclamera, exigera la récompense de ses sacrifices,
de son courage, de ses souffrances. Cela est fort possible; mais il est porté à croire que le gouvernement
dispose des faits économiques. On l'a même entretenu
dans cette grossière erreur. Mais la gêne croissante, la
faillite des expédients qu'on tenterait d'improviser, lui
prouveraient bientôt que la prospérité ne se décrète pas.

La nécessité de produire pour vivre, de travailler assi-
dûment, intelligemment, pour produire, de vendre au
dehors, et en grandes quantités, pour alléger des charges
excessives, apparaîtrait évidente en moins de quelques
semaines.

*
* *

Quelles conclusions nous apporte cette revue des
principaux éléments de l'évolution actuelle des rapports
internationaux dans le domaine du commerce ?

Je n'en donnerai qu'une, la plus certaine. C'est qu'en
France, aussi bien en ce qui concerne l'évolution normale, déjà très caractérisée avant la guerre, qu'en
ce qui résulte et résultera de la guerre elle-même, nous
sommes encore éloignés de la connaissance des difficultés qui nous attendent, et par conséquent peu préparés
à les résoudre. La paresse d'esprit continue à régner en
ce pays laborieux. La crainte du risque et des responsabilités domine cette nation vaillante. L'égoïsme personnel a refoulé les instincts généreux, jadis si vivaces.
L'utilisation pratique de la force de l'association ne se
rencontre que rarement dans ce peuple pourtant si uni,
et à l'excès centralisé. En présence de ces contrastes

surprenants, on n'ose prédire qui l'emportera demain des qualités viriles dont le déploiement assurerait, pour plusieurs générations, un magnifique avenir, ou du scepticisme indolent, du byzantinisme politique, conduisant à l'inévitable décadence.

Mais ce qu'il est permis d'affirmer, c'est que la mise en valeur de l'énergie française, appliquée au relèvement national après la paix, dépend avant tout de la persistance, à *l'état actif*, du patriotisme qu'elle a si vigoureusement manifesté pendant la guerre. Ce sentiment s'est traduit sous la forme, suprêmement élevée, de l'abnégation. La paix conclue, il devra prendre celle de l'assistance désintéressée, constante et résolue, contribuant, dans l'Etat, hors de l'Etat, et du haut en bas de l'échelle sociale, à tout ce qui intéresse la prospérité du pays, son rayonnement et son influence. J'entends contribution réelle, non en intentions, projets, paroles et promesses, mais en actes.

La jactance allemande va recevoir une rude leçon. Mais l'imprévoyance française (indépendamment du manque de préparation à la guerre) a déjà reçu la sienne de l'Allemagne. Elle l'avait reçue bien avant 1914 et n'avait pas voulu le reconnaître. N'ayant pas peur des mots. C'était une leçon de patriotisme. Jamais l'Allemagne n'eût pu réaliser le concours, chez elle et hors d'elle, jusqu'aux confins du monde, de ses marchands, de ses industriels, banquiers, armateurs, professeurs, ingénieurs, publicistes, agents de toutes sortes et de tous rangs, aidés, protégés, subventionnés par son gouvernement et ses fonctionnaires, jamais elle n'eût donné à une organisation, si parfaite qu'elle fût, la puissance d'expansion et de captation que nous avons trop tard constatée, si cette énorme machine n'avait eu pour moteur le sentiment profond, répandu dans toute sa population, du devoir *national*.

C'est là une des faces de ce « militarisme prussien » qu'il nous plaît aujourd'hui de considérer uniquement comme une arme de guerre et d'agression brutale. Mais si nous voulons le voir en entier, tel qu'il est, il faut le voir aussi de ce côté. Ce militarisme est fort loin d'être exclusivement militaire. L'armée et la flotte étaient moins ses directeurs et ses guides que des instruments à son service. Au-dessus de l'armée et de la flotte allemandes, il y avait un principe d'action, créateur de discipline, générateur d'initiatives, inspirateur des longues patiences, soutien des efforts individuels, ciment des efforts collectifs. Si méritée que soit la condamnation prononcée contre les fauteurs de cette abominable guerre et la nation complice, il faut oser donner à ce principe son véritable nom : le patriotisme.

C'est lui qui a fait la grandeur, qui a créé la fortune de l'Allemagne en pleine paix et par des moyens d'abord honorables. Si elle a été conduite à en employer de tout différents, puis glissant sur la pente qui conduit de la défense trop ardente de ses intérêts à la menace des intérêts des autres, à n'écouter plus enfin que ses ins-tincts de domination, c'est que le patriotisme allemand, fier de ses œuvres, s'était transformé en impérialisme. Depuis une vingtaine d'années l'Allemagne croyait en-core posséder une vertu, alors qu'elle était possédée par une passion. De ce moment, elle courait à une ruine, plus ou moins proche, mais certaine. L'impérialisme fut toujours fatal aux empires.

Le patriotisme français, non par tempérament, mais en raison des circonstances générales, n'a pas à craindre une intoxication de ce genre. Il n'a rien à redouter que d'un défaut de clairvoyance, et rien à apprendre que l'art d'utiliser sa force pour conserver à notre pays le rang auquel il a droit, en reconstruisant sa fortune. Cet art est celui de « l'organisation », dont l'Allemagne nous a présenté, non le modèle, mais un modèle.

« L'organisation n'est pas tout », dira-t-on. Il est

vrai. Pour la France, c'est presque tout; car c'est ce qui lui manque le plus, et c'est, à peu près, la seule chose qui lui manque.

III

LES
CONFÉRENCES ÉCONOMIQUES
DES ALLIÉS

Peut-être allons-nous trouver, dans les échanges de
vues qui, en 1916 et 1917, ont réuni un certain nombre
d'hommes appartenant au personnel politique des puissances de l'Entente, quelques éclaircissements au sujet
de cette organisation future.

Les Conférences économiques des Alliés, investies
ou non d'un mandat officiel, devaient d'abord ne rechercher que les moyens d'atténuer certaines conséquences
de la guerre nuisibles à la poursuite énergique des opérations. Si elles s'étaient tenues à ce programme, qu'elles ont d'ailleurs contribué à réaliser en partie, un aperçu
de leurs travaux n'aurait qu'un intérêt historique et ne

serait pas ici à sa place. Mais, débordant le cadre des actualités et devançant les événements, l'impulsion dont émanaient ces assemblées envahit bientôt le domaine des réalisations d'après-guerre. On a voulu fixer les bases sur lesquelles il conviendra d'établir les rapports entre les puissances victorieuses et les Etats qui resteront constitués dans l'Europe centrale. Dès le début de cet examen, le sentiment général parut admettre que ces rapports devaient être réglés, ou plutôt déterminés, en fonction d'une entente économique durable, définie par des conventions, inspirée du désir de perpétuer les relations amicales en facilitant les transactions de commerce entre anciens frères d'armes, et de se défendre contre les probables tentatives du germanisme, toujours prêt à utiliser les rapports pacifiques internationaux comme instruments de prépondérance et facteurs de discorde.

De là sont nés les projets de Conférences économiques, dont la première a siégé à Paris, du 27 au 30 avril 1916, sous le titre de « Conférence parlementaire internationale du commerce ».

Avant de rendre compte des travaux de cette première assemblée, qui a réuni environ 400 personnes (sénateurs, députés, anciens ministres et quelques économistes) de toutes les nations européennes alliées, il est opportun de préciser le caractère de ces Conférences et d'indiquer la nature des principaux problèmes dont elles doivent préparer les solutions.

La presse française n'a prêté qu'une attention distraite à la « Conférence parlementaire internationale », sans doute parce qu'on l'avait prévenue que celle-ci n'avait rien d'officiel, et invitée à le faire savoir. M. le Président de la République, en recevant les parlementaires des nations alliées, a pris soin de leur rappeler, en termes excellents mais précis, que l'objet de leur « rencontre » n'était pas d'arrêter des résolutions, ni à plus forte raison « d'empiéter sur les responsabilités gouvernementales ». La qualification « d'officielle » fut réservée à la seconde Conférence, annoncée pour le mois de juin. Dans celle-ci, en effet, devaient figurer des ministres en exercice, assistés d'un état-major de fonctionnaires, tandis que dans la première l'élément officiel n'était représenté que par les membres des commissions du commerce faisant partie des Parlements respectifs de chaque nation.

Quoique ces derniers fussent au nombre de plus de 300, il y a là sans doute une appréciable différence. Cependant, en la soulignant plus peut-être qu'il était nécessaire, on a créé dans le public une impression inexacte. On lui a laissé croire ou supposer que les délégués à la seconde Conférence y apporteraient les vues de leurs gouvernements. Il n'en fut pas ainsi. En dépit de leurs qualités officielles, ils n'engagèrent point les cabinets dont ils faisaient partie; ce qui revient à dire que chacun d'eux a parlé en son propre nom. Si l'on considère, par exemple, la délégation anglaise, il faut convenir que cette précaution était indispensable. Les deux principaux membres, le marquis de Crewe, lord président du Conseil privé (en remplacement du président du *Board of trade*, empêché), et M. Bonar Law, ministre des Colonies (chef de l'opposition dans la Chambre des Communes quand la guerre a éclaté), avaient des vues économiques et politiques tout à fait discordantes. Ils pouvaient, même devaient, être du même avis, officiellement, sur les mesures applicables *en temps de guerre;* mais quant à s'entendre sur un programme engageant pour l'avenir la politique commerciale de l'Empire ou seulement du Royaume-Uni, cela était absolument impossible. Le gouvernement français était, à peu de choses près, dans le même cas, et pour les mêmes raisons.

Au surplus, alors que les ministres délégués auraient

eu mandat d'engager devant les Chambres « les responsabilités gouvernementales », leurs déclarations, hormis celles se référant à la période actuelle, n'auraient
pu lier leurs successeurs, après la conclusion de la paix.
Ceux-ci, chargés d'autres responsabilités, devront satisfaire à d'autres exigences, et leur politique ne saurait
être déterminée à l'avance par les délégués de gouvernements dont la préoccupation dominante, sinon la
seule, ne peut être que la conduite de la guerre.

Les Conférences économiques des Alliés, pas plus les
« ministérielles » que les « parlementaires », ne nous
ont donc rien appris de ce qui sera décidé lors du
règlement final. Cependant, il est vraisemblable que les
avis exprimés dans ces réunions fourniront certaines
bases aux arrangements qui seront alors adoptés. On
peut admettre aussi que les meilleurs renseignements
sur la véritable position des questions traitées et leurs
solutions probables se trouvent plutôt dans les délibérations des Conférences non exclusivement « gouvernementales », parce que les ministres délégués aux
Conférences ne pouvaient avoir entière liberté d'ex-
primer des vues s'inspirant d'une étude impartiale de
ces questions.

On supposait que d'aussi intéressants débats, en tout

ce qui ne se rapporte pas aux opérations militaires ou navales, seraient l'objet d'une large publicité. Il y avait pour cela une raison péremptoire. C'est que, si les gouvernements disposent de la presque totalité des compétences en matières militaires, il n'en va pas de même, surtout en France, en matières commerciales et industrielles. Les hommes très versés dans les questions économiques, ou connaissant la pratique des choses du commerce, sont en faible minorité dans nos Parlements. Notre haut personnel administratif est instruit, et l'on y rencontre des individualités de grand mérite; mais il ne possède guère, en fait de pratique, que celle de l'administration, et son esprit, par défaut de souplesse, est anticommercial. Même les vétérans des affaires (à qui, jusqu'à présent, on n'a point fait appel) sont, pour la plupart, mal préparés à l'étude des conditions nouvelles de la concurrence internationale. Quant aux hommes de demain qui, durant bien des années, porteront le poids des conséquences de la guerre, peu d'entre eux étaient en situation de prendre place dans ces grands Conseils, dont le principal défaut est d'être déjà, et nécessairement, trop nombreux.

Il eût donc été fort utile que le pour et le contre des suggestions fût mis en évidence, afin que l'opinion des gens capables d'en avoir une sur de tels sujets pût se former et se manifester. Cette sorte de consultation publique, à laquelle malheureusement trop peu de personnes en France sont en état de s'intéresser, eût complété celle des représentants plus ou moins officiels. Cependant, la première Conférence interparlementaire est la seule dont les procès-verbaux aient été publiés; peut-être parce que l'initiative des gouvernements intéressés n'a eu aucune part à sa réunion. Elle n'était pas, d'ailleurs, le résultat immédiat des événements actuels.

Peu de temps avant la guerre, en effet, une institution utile et modeste avait été créée par des hommes politiques s'occupant spécialement des intérêts du commerce international. Son objet était « de réunir, dans une action concordante, les Commissions du commerce ou de législation commerciales établies, en vue de poursuivre en commun l'unification des lois, ordonnances et coutumes, en matière commerciale, en se bornant aux questions susceptibles de recevoir une solution internationale, et d'assurer ainsi aux nations participantes,

grâce à leur mutuel concours, une protection plus efficace de leurs intérêts à l'étranger ». Cette institution
s'est constituée en juin 1914, sous le titre de *Conférence
parlementaire internationale de commerce*. Son siège
était à Bruxelles. Elle organisa aussitôt un bureau cen-
tral permanent ayant pour mission de recueillir et de
coordonner les travaux des comités (ou groupes) nationaux, composés en grande majorité de parlementaires,
et facultativement, de notabilités du monde judiciaire,
de l'économie politique, du commerce et de l'industrie.
Et puis la guerre survint.

L'instrument n'avait pas été construit pour s'attaquer
à des questions de l'ampleur de celles qui se posent
aujourd'hui. Mais il existait. Le recrutement des Comités nationaux (dont l'ensemble forme la Conférence)
dans les Commissions parlementaires du Commerce de
chaque Etat, avec adjonction de quelques compétences
non politiques, répondait aux besoins de la situation
actuelle, en même temps qu'il écartait le redoutable
élément de l'esprit de parti.

D'accord avec le Comité parlementaire français du
Commerce et le *Commercial Commitee* de la Chambre
des Communes, le bureau permanent prit l'initiative de
convoquer à Paris, en assemblée plénière, la Confé-

rence parlementaire internationale, et cette réunion est
ainsi devenue la première Conférence économique entre
les Alliés.

Elle avait à s'occuper de trois catégories de questions :
en premier lieu, celles, *indépendantes de l'état de
guerre,* pour l'étude desquelles la Conférence du commerce avait été instituée en 1914 ; en second lieu,
les questions économiques se rattachant aux relations
internationales *pendant la guerre ;* enfin, elle devait examiner — c'était la partie la plus intéresante de ses
travaux — le problème des relations commerciales
après la guerre : entre les Alliés, entre les Alliés et les
neutres, entre les Alliés et leurs ennemis d'aujourd'hui.
Cette dernière question n'était inscrite au programme
des réunions que sous le titre : « Mesures de précaution contre l'envahissement des produits allemands lors
du passage de l'état de guerre à l'état de paix. » Mais
évidemment, les discussions dépasseraient cette limite.
C'est pourquoi les Etats neutres ne furent pas invités à
prendre part à la Conférence. La première séance fut
ouverte au Palais du Luxembourg, en présence du
Président de la République, de M. Briand, ministre des
Affaires étrangères, président du Conseil, et des ambas-
sadeurs des nations alliées. M. Chaumet, président du

Comité parlementaire français, dirigea tous les débats de la Conférence.

Après le discours d'ouverture, les principaux délégués étrangers, à l'exemple de M. Luzzati, ancien président du Conseil des ministres d'Italie, qui parla le premier, exprimèrent leur intention de collaborer à une alliance économique défensive contre l'ennemi commun. Sir John Randles, président du Comité commercial de la Chambre des Communes, député de Manchester, déclara que l'objet de la Conférence était « de confirmer une alliance fondée sur des sentiments d'affection et d'estime, de préparer une entente commerciale en vue du maintien de la paix future, et de s'opposer aux tentatives de toute nation qui, intoxiquée par le militarisme et avide de domination, menacerait l'existence et les droits des peuples libres ». Les questions relatives à l'unification des lois et coutumes commerciales passaient donc au second plan, ou plutôt n'étaient considérées que comme parties intégrantes du programme combattif dont on allait poursuivre l'étude et préparer la réalisation.

Les propositions ne visant pas directement la guerre économique contre l'Allemagne furent, pour la plupart, faites par les délégués français. Nous ne pouvons ici que les énumérer. Elles se réfèrent à la législation sur

les brevets et marques de commerce, aux taxes postales
et télégraphiques, aux transports internationaux par voie
de terre, de mer et de navigation intérieure, à la régu-
larisation de la circulation monétaire, à l'établissement
du chèque postal international, à la réforme des lois sur
la constitution et les responsabilités des Sociétés financières. D'autres, s'appliquant aux circonstances actuelles
ou prochaines, ont appelé l'attention sur les inconvénients de la diversité des mesures déjà prises touchant
la contrebande de guerre, le régime des biens séques-
trés, l'interdiction du commerce avec l'ennemi, les exportations prohibées, et signalé les avantages qu'aurait
une entente au sujet de la réparation des dommages
causés par la guerre, ainsi que du recouvrement des
créances des pays alliés sur l'Allemagne et l'Autriche-
Hongrie. Toutes furent inspirées du désir d'une coopération aussi étroite que possible en matière de droit
commercial.

Aucune de ces questions si complexes ne pouvait être
traitée en Conférence, avec tous les développements
utiles à son examen. Mais elles ont été sommairement
exposées, mises en évidence. On s'est promis de les
soumettre à l'examen des commissions parlementaires
du commerce de chaque pays; et celles-ci seraient donc

bientôt à même de présenter à leurs gouvernements respectifs des solutions étudiées. Ce réseau préparé, et en quelque sorte tendu d'avance, d'accords favorisant les transactions entre nations alliées, conclus en dehors de toute participation des ennemis, représenterait à lui seul un élément de résistance d'une appréciable valeur.

On était là sur un bon terrain, fertile en conséquences pratiques. Mais bientôt l'intérêt des débats se concentra sur les propositions ouvertement hostiles à l'expansion commerciale des pays germaniques, après la guerre; et dès le premier jour, on eut l'impression d'une divergence, plus exactement d'une différence de vues entre les délégués français et les délégués anglais.

M. Adolphe Landry, député de la Corse, en présentant une motion réclamant « des mesures pour empêcher l'invasion des produits allemands » au lendemain de la cessation des hostilités, avait rappelé qu'à ce moment une rupture de l'équilibre normal de la production entre l'Allemagne et plusieurs des puissances alliées aurait lieu à l'avantage de notre ennemie, dont l'outillage industriel serait probablement encore presque intact. Constatant en outre que l'Allemagne posséderait, à la même époque, un stock considérable de marchandises prêt pour l'exportation et qu'elle voudrait écouler,

même à vil prix, l'orateur signalait l'urgence de se pré-
munir contre ce danger. Il indiquait trois moyens, entre
lesquels on avait le choix : la réquisition de ces marchandises, l'obligation imposée à l'Allemagne de les
frapper de droits à l'exportation, ou l'adoption temporaire, par les puissances alliées, d'un tarif de douane
très élevé, visant les marchandises allemandes au sujet
desquelles un envahissement était à craindre. En tout
cas, concluait-il, les gouvernements de ces puissances
doivent se préoccuper de cette question et s'entendre
pour la résoudre.

M. Ernest Jardine, l'un des délégués du Comité
commercial de la Chambre des Communes, député de
Somerset, demanda aussitôt la parole pour discuter la
proposition de M. Landry. Son discours fit ressortir cette
« différence » à laquelle nous venons de faire allusion.
En voici les principaux passages :

La plus grande difficulté que rencontre l'examen d'un
pareil sujet me paraît résider dans notre ignorance de
l'issue de la guerre. M. Adolphe Landry l'a abordée, en
partie du moins, dans sa remarquable communication. Il
admet que la victoire des Alliés leur permettra d'imposer,
ou de prendre eux-mêmes, certaines mesures économiques
calculées de manière à éviter l'invasion des marchés
extérieurs par les produits allemands.

Une telle supposition revient, en fait, à prévoir que les Alliés, quoique victorieux, n'auraient pas entièrement détruit la puissance de l'Allemagne. En disant qu'il faut nous protéger par l'établissement de droits appropriés sur l'importation des marchandises allemandes, M. Landry admet implicitement que l'Allemagne sera libre d'exporter l'accumulation de ses stocks. Sa première et sa seconde suggestion se fondent sur l'hypothèse d'un succès plus marqué des Alliés, mais non pas encore décisif.

Cependant, les gouvernements alliés ont, à plusieurs reprises, proclamé leur décision irrévocable de poursuivre la guerre jusqu'à la complète annihilation du militarisme prussien. Nous sommes donc autorisés à penser que cette Conférence n'a pas à se placer au point d'une victoire incomplète, mais à celui d'une défaite totale des forces allemandes. Dans cette hypothèse, quelles sont les mesures que peut recommander la Conférence? La perfidie des Allemands nous a enseigné que leurs engagements ne valent pas le papier sur lequel ils sont écrits. Il n'existe donc d'autre garantie sérieuse, vis-à-vis d'eux, que l'occupation de leurs territoires et de leurs ports; ou bien la menace de recommencer la guerre, mais c'est précisément ce que l'Europe civilisée veut éviter...

M. Jardine a conclu en proposant :

1° La réquisition, comme faisant partie d'une indemnité, de tout le stock des marchandises d'exportation existant en Allemagne.

2° Si, comme il est probable, le libre-échange ne

pouvait être réalisé entre les pays alliés, l'établissement
d'un tarif douanier à trois échelons, le premier entre
alliés, le second applicable aux neutres, le troisième
spécial à l'Allemagne et à ses alliés. Soit, par exemple,
aux taux respectifs de 10 0/0, 20 0/0 et 40 0/0.

On pouvait croire que ces recommandations, d'une
si grande sévérité, seraient accueillies tièdement par
les collègues anglais de M. Jardine. Il n'en fut rien.
M. W. Rutherford, autre délégué du Comité commercial
de la Chambre des Communes et député de Liverpool,
parla immédiatement dans le même sens, réclamant
aussi, dès la fin de la guerre, et avec insistance, la
réquisition et la prise de possession de tous les stocks
disponibles allemands. Il demanda en outre la restitution
ou le remplacement de tout le matériel industriel français et belge transporté en Allemagne. Ces mesures
sont, en principe, justifiables. Mais, quand il en vint aux
précautions à prendre, M. W. Rutherford exprima l'avis
qu'il faudrait interdire pendant une certaine période
(dix ans pour commencer) l'accès du territoire des nations alliées aux agents commerciaux allemands, fixer
aussi une période pendant laquelle aucun bâtiment allemand ne serait reçu dans les ports des Alliés, aucun
sujet allemand admis à la naturalisation, aucune mar-

chandise allemande importée. Moyennant quoi, les nations amies, ayant conclu entre elles une alliance commerciale, seraient parfaitement en mesure de soutenir,
par des procédés loyaux, la concurrence allemande sur
tous les marchés du monde.

M. J. W. Griffiths, également délégué du Comité
commercial de la Chambre des Communes, député de
Wednesbury, eut la parole après M. Rutherford. Il
appela l'attention de la Conférence sur la difficulté
d'obtenir paiement d'une lourde indemnité de guerre
d'un pays dont les finances seraient en un état voisin
de la banqueroute. Il ne s'expliqua pas sur la question
de réquisition ou confiscation des stocks allemands, mais
dit que, dans son opinion, le meilleur moyen de faire
obstacle à la campagne commerciale préparée et annoncée en Allemagne, était d'opposer à l'importation des
produits de ce pays, pour une période de dix années,
un tarif douanier au taux de 300 0/0, convenu entre
tous les Alliés, étant entendu que ceux-ci s'engageraient
à ne faire avec les pays germaniques aucun arrangement séparé. « Si des précautions de cette nature ne
sont prises, dit M. Griffiths en terminant son discours,
nos sacrifices et ceux de nos valeureux alliés auront été
vains; et le moment est venu de les prendre. »

Ces citations suffisent à caractériser l'état d'esprit et les intentions des délégués anglais, tout au moins de ceux qui ont pris part à la discussion.

Je passe sur l'intervention des délégués italiens, qui n'ont traité que les questions des frets et du tonnage, et au point de vue seulement de la continuation de la guerre.

⁂

Les seules colonies britanniques représentées à la Conférence interparlementaire furent les Etats de Nouvelle-Galles du Sud (Australie), de Nouvelle-Ecosse et d'Ontario (Canada), tous trois par leurs agents généraux à Londres. Le doyen de cette délégation coloniale, M. B. R. Wise, ancien ministre de Nouvelle-Galles du Sud, fit une communication qui paraît, en son ensemble, refléter le sentiment des grandes *Dominions* dans les conjonctures actuelles, tout au moins celui qui est prédominant en Australie.

Partant de considérations théoriques, se résumant dans ses préférences pour le nationalisme, opposé au cosmopolitisme, M. Wise a tracé un programme presque complet des mesures nécessaires, selon lui, à la garantie de l'indépendance économique des puissances alliées.

Le détail en est intéressant. M. Wise (1) n'était pas un protectionniste de vieille date. Il s'était séparé, depuis peu d'années, du *Cobden Club*, et possédait les vigoureuses sincérités des convertis. C'est dire qu'il partageait, sous quelques réserves d'ordre pratique, les vues de MM. Jardine, Rutherford et Griffiths, et voulait faire sentir aux Allemands le poids des rigueurs d'un tarif douanier spécial, atteignant surtout les produits manufacturés. Il entendait toutefois que ce tarif fût étudié avec soin et tînt compte, dans l'intérêt de l'industrie britannique, des « échelles de fabrication ». Cette précaution initiale devait être complétée par l'interdiction imposée à l'Allemagne de donner des primes à l'exportation, ainsi que de concéder, sur ses chemins de fer, des rabais de tarifs en faveur des marchandises devant être exportées; et, pour modérer l'activité de sa flotte commerciale, il proposait de mettre une *surtaxe* d'au moins 10 0/0 sur toute marchandise importée par navires allemands.

Ce ne serait là qu'une première ligne de défense, que renforcerait un système d'arrangements réciproques conclus par chacun des pays alliés, dans l'intérêt

---

(1) M. B. R. Wise est mort en septembre 1916.

de son commerce, avec tous autres pays, à l'exception
de ceux de l'Europe centrale. On constituerait ainsi,
non une union douanière, mais une *Ligue économique*
fondée sur un ensemble de dispositions douanières
concertées entre les gouvernements amis.

Ayant réglé de la sorte la question du commerce
d'exportation allemand, le délégué australien a abordé
celle des précautions à prendre pour empêcher l'Allemagne de s'immiscer dans le commerce intérieur des
autres pays. Il conseillait :

1° De n'admettre à la cote des Bourses des nations
alliées aucune valeur négociable allemande et de ne
permettre à aucun sujet allemand de figurer parmi les
membres des Comités de Bourse, ni des Chambres de
Commerce, sur le territoire des pays alliés. L'efficacité
de cette exclusion serait assurée par une très stricte
surveillance en matière de naturalisations, et par l'enre-
gistrement périodique de tout résident allemand, avec
obligation d'obtenir une licence personnelle pour se
livrer à des actes de commerce.

2° De n'autoriser, dans les pays alliés, l'établissement d'aucune banque, ni succursale ou agence de
banque allemande.

3° De soumettre les voyageurs de commerce travaillant pour le compte de maisons allemandes à une taxe assez forte, payable chaque semestre.

4° D'interdire l'emploi de tout commis de nationalité allemande qui n'aurait pas obtenu une permission spéciale du gouvernement.

C'est, en résumé, un projet de blocus économique de l'Allemagne, s'étendant aux marchandises, aux navires et aux personnes, renforcé d'une tutelle sur sa politique d'exportation.

Dans sa dernière séance, sur la motion de sir John Randles, la Conférence vota la résolution suivante :

« Il est désirable qu'avant la conclusion de la paix une Commission *représentative* des nations alliées soit instituée *en vue du développement de leur commerce et de leurs industries respectives,* et de l'organisation d'une entente commerciale offrant à chacune de ces nations des facilités pour supporter les charges financières résultant de la guerre. »

A l'égard des mesures qu'on peut qualifier d'anti-allemandes, il y eut certainement des dissidences, car la Conférence s'est bornée à recommander que d'efficaces précautions soient prises contre l'envahissement des marchés internationaux, après la conclusion de la paix, par les produits d'exportation accumulés en Allemagne.

Elle a aussi appelé l'attention des gouvernements alliés
sur la question des transports, afin que le transit par
territoire ennemi soit évité autant que possible.

*
* *

Dans leur physionomie générale, ces débats n'ont été
ni aussi confus qu'on pouvait le craindre, ni aussi fé-
conds qu'on voulait l'espérer. Ils ont été simplement
utiles, surtout utilisables. Leur résultat est d'avoir
éclairé diverses parties du domaine des ententes possibles et mis en évidence une indéniable bonne volonté
à en poursuivre la réalisation. Cette bonne volonté n'est
pas un facteur négligeable, puisque la Conférence était
presque entièrement formée des membres de Parlements en exercice, dont certains ont déjà occupé le pouvoir et l'occuperont peut-être demain, sans parler de
ceux qui sont en situation d'y être appelés dans un avenir prochain.

Si l'on recherche les caractéristiques de l'échange de
vues qui a rempli les trois journées de la session, on
constate d'abord que les délégués français, anglais et
italiens furent presque seuls à y prendre part. Ces derniers ont donné la préférence à des questions d'actualité
touchant particulièrement leur pays.

Les délégués français se sont appliqués surtout à l'examen des problèmes de droit international, considérés au point de vue de la continuation de la guerre et des difficultés économiques qui suivront la fin des hostilités. Ils ont exposé ces questions en termes précis, brefs le plus souvent, et sans autre préoccupation apparente que celle d'apporter une impartiale contribution à l'œuvre de rapprochement, objet principal de la Conférence.

Les délégués anglais, qui ont pris la part la plus active aux discussions, se sont placés aussi sur ce terrain d'amical désintéressement. Mais, comme on l'a vu par les quelques extraits cités plus haut de leurs discours et de leurs propositions, ils ne se sont pas arrêtés à la recherche des éléments d'une entente économique pure et simple. Leur intention de faire de cette entente une arme de guerre, et de s'en servir pour paralyser les activités commerciales allemandes, au moins pendant une longue période, fut déclarée franchement. Les vues, encore ignorées, du gouvernement anglais peuvent être sensiblement différentes; mais nous ne pouvons oublier que l'opinion est très puissante en Angleterre et, d'autre part, que le sentiment des grandes colonies, très anti-allemand, et protectionniste, sera pris en considération quand il s'agira d'adopter une politique définie.

Au sujet de ces mesures de défense plus ou moins offensive, qui sont en si grande faveur chez nos amis d'outre-Manche et trouvent en France de nombreux partisans, la Conférence paraît avoir été sous l'influence d'une appréciation quelque peu sentimentale des réalités actuelles. Ce n'est qu'une question de mesure; mais elle est importante, car en exagérant les dangers immédiats, on risque de perdre de vue ceux qui pourront nous menacer plus tard.

∴

La seconde Conférence pour le règlement des questions économiques, dite Conférence des gouvernements alliés, entièrement distincte de la précédente, s'est réunie, du 14 au 17 juin de la même année 1916, à Paris.

Elle a siégé à huis clos. Seul, le texte des résolutions adoptées a été communiqué à la presse. M. Clémentel, ministre du Commerce, a bien voulu y ajouter un commentaire oral qui a été recueilli par une députation de journalistes et publiée par le *Temps* du 22 juin. Ce commentaire ne renseigne pas sur l'échange de vue précédant l'accord. Il en est de même des explications plus étendues données par M. Asquith, premier ministre du gouvernement britannique, dans son discours du 2 août, à la Chambre des Communes. Nous savons seulement que trois des plus importantes résolutions (celles relatives à la clause de la nation la plus favorisée, à la protection contre les méthodes incorrectes ou agressives, et aux précautions destinées à assurer l'indépendance de certaines industries importantes des pays alliés) ont été rédigées à Londres, et les autres à Paris. Nous savons aussi (mais non officiellement) que l'intention de certains délégués étrangers porteurs d'amendements a dû s'effacer devant le désir général de ne pas compromettre l'unanimité des décisions. La mesure dans laquelle les intérêts et les conceptions économiques qui dominent dans chacun des pays alliés auront à céder, du fait de concessions réciproques, à ce sentiment de solidarité, nous reste inconnue. L'analyse des résolutions adoptées laisse encore planer, on va le voir, une grande incertitude sur ce sujet.

Le texte de ces résolutions étant le seul document dont on puisse faire état pour apprécier l'œuvre de la seconde Conférence, j'essaierai de l'interpréter, en suivant l'ordre, d'ailleurs logique, dans lequel elles sont présentées. Ce ne sera pas chose facile, car il s'en faut

de beaucoup que la clarté de l'évidence y soit libérale-
ment répandue. Même pour des personnes familières
avec les euphémismes du langage officiel, sa rédaction,
en certaines parties, — et ce ne sont pas les moins
importantes, — enveloppe la pensée dans un nuage
derrière lequel on distingue mal ce qui serait le plus
intéressant à connaître.

La communication faite au public comprend un
préambule justificatif, suivi de l'énoncé des mesures
recommandées par la Conférence, savoir : Mesures
« pour le temps de guerre, mesures transitoires pour la
période de reconstitution commerciale, industrielle,
agricole et maritime des pays alliés », et mesures « *permanentes* d'entr'aide et de collaboration entre alliés ».
Elle se termine par quelques lignes de conclusion insis-
tant sur la nécessité d'une mise en œuvre immédiate.
Le tout exposé sous une forme extrêmement concise.

Le préambule est une constatation, accompagnée de
sa conséquence. Voici la constatation :

Les représentants des gouvernements alliés... consta-
tent que les empires du centre de l'Europe préparent aujourd'hui, de concert avec leurs alliés, sur le terrain économique, une lutte qui, non seulement survivra au rétablissement de la paix, mais prendra à ce moment toute
son ampleur et toute son intensité.

Il est donc prévu par les gouvernements alliés qu'après la paix les Empires du centre de l'Europe jouiront d'une liberté d'action telle qu'ils pourront rester unis, sur le terrain économique, avec leurs alliés d'aujourd'hui (savoir la Turquie et la Bulgarie) ; et dans l'opinion desdits gouvernements, ces Empires seront, à ce moment même, assez forts pour engager sur ce terrain la lutte contre nous, avec une ampleur et une intensité redoutables. Leur « but évident », en effet (ce sont les termes mêmes du document), est « d'établir une domination sur la production et les marchés du monde entier, et d'imposer aux autres pays une hégémonie inacceptable » (1).

Je ne reviendrai pas sur les explications données

_____

(1) En rappelant, devant la Chambre des Communes, le texte des résolutions de la Conférence, M. Asquith a omis entièrement les deux premiers paragraphes du préambule, et s'est référé seulement à « l'attitude et aux intentions de l'Allemagne ». Sa lecture du document, intégrale pour tout ce qui suit, a commencé aux mots : « En face d'un danger aussi grave, il est du devoir des gouvernements alliés de prendre..., etc. »
Il est permis de supposer que le premier ministre anglais a jugé préférable de ne pas évoquer devant le Parlement l'image de la puissance des « empires du centre » *après la guerre*, si grande qu'elle pourrait bientôt « dominer tous les marchés du monde ».

dans le précédent chapitre au sujet de la prépondérance
de la question politique lors de la conclusion de la paix.
Si, après ce mémorable événement, le péril économique
est (venant de l'Allemagne) « aussi grave », c'est que
les Alliés l'auront volontairement laissé subsister en ne
prenant pas, dans l'ordre politique, les précautions nécessaires. Les ententes économiques pourraient sans
doute lui opposer une barrière, mais insuffisante et
surtout provisoire. L'irrésistible pression des intérêts
s'exerçant des deux côtés en réduirait lentement et
sûrement l'efficacité.

Cependant acceptons, tel qu'on nous l'offre, le *postulatum* de la Conférence. Voici la conséquence qu'elle
en déduit :

En face d'un péril aussi grave, il est du devoir des
gouvernements alliés de prendre et de réaliser dès maintenant toutes les mesures propres, d'une part à assurer,
pour eux comme pour l'ensemble des pays neutres, la
pleine indépendance économique et le respect des saines
pratiques commerciales, — et d'autre part à faciliter l'organisation du régime *permanent* de leur alliance économique.

Ici, avant d'interpréter, il faut déchiffrer.

Pourquoi, dans cette déclaration, intervient « l'en-

semble des pays neutres »? Il s'agit bien de leurs marchés, dont on veut « assurer l'indépendance » *comme*
on veut assurer celle des alliés, chez eux-mêmes. Cependant les pays neutres n'ont pas été représentés à
la Conférence, ni ne devaient l'être, et le régime de
leurs marchés ne dépend en aucune façon des mesures
que pourront prendre les gouvernements alliés. A-t-on
voulu insinuer que ceux-ci se proposaient d'ouvrir avec
les neutres des négociations d'un caractère spécial?
C'est vraisemblable. Cependant, parmi les mesures indi-
quées, soit pour la période de reconstitution, soit pour
plus tard, aucune ne se réfère, même par allusion,
aux neutres. Il faut conclure que le projet de faire
bénéficier ceux-ci d'une « pleine indépendance »
n'est que l'expression d'un sentiment de cordialité à
leur égard et une invitation discrète à entrer dans le
mouvement.

La même observation s'applique, — quant aux neutres, — au respect des « saines pratiques commerciales », qu'on entend imposer aux Empires du centre de
l'Europe. Les dispositions que prendront les Alliés à
ce sujet, si excellentes qu'elles soient, seront nécessairement restreintes à leurs propres pays. Les neutres
n'exigeront le respect de ces saines pratiques que

comme, quand, et autant qu'il leur conviendra de le
faire.

Nous verrons tout à l'heure par quels moyens, suivant les propositions de la Conférence, les gouvernements alliés espèrent assurer leur pleine indépendance
économique contre les entreprises de l'ennemi. Mais
remarquons d'abord que le document officiel, où plusieurs fois se trouve répétée l'expression « indépendance économique », s'abstient d'éclaircissements sur
le sens qu'il lui attribue. Il ne s'agit pas seulement de
protection contre l'emploi, dont les Allemands sont cou-
tumiers, de pratiques commerciales incorrectes, puisque
celles-ci font l'objet d'une mention spéciale. Alors, de
quoi s'agit-il? Ceci n'est pas une querelle de mots.
C'est une critique de l'abus de formules vagues, et par
cela même souvent trompeuses. Elle est en situation,
car elle touche au fond du sujet.

Avant la guerre, on entendait par indépendance économique d'un pays la faculté qu'il possédait de légiférer
à sa guise en matière économique. La France, par
exemple, ne possédait pas la pleine indépendance en
cette matière, parce que l'article 11 du traité de Francfort l'obligeait à *perpétuité* d'appliquer à l'Allemagne
le traitement de la nation la plus favorisée. L'Allemagne

avait la même obligation (à laquelle elle se dérobait d'ailleurs autant qu'elle le pouvait, en usant de subterfuges plus ingénieux qu'honorables) vis-à-vis de la France; ce qui, soit dit en passant, explique pourquoi cette clause ne nous a pas été *imposée*, en 1871, par les vainqueurs, mais fut insérée dans le traité de paix à la demande de nos plénipotentiaires. Les conventions « dénonçables » ne portent pas atteinte à l'indépendance économique des pays qui les ont contractées, parce que chacun d'eux reste libre de reprendre, après un délai convenu, sa liberté entière.

Les Alliés, quand ils accorderont la paix aux « Empires du Centre », se garderont assurément de régler avec eux leurs relations au moyen de traités perpétuels. L'indépendance économique dont on parle aujourd'hui est donc d'un genre nouveau. On est énergiquement résolu à la sauvegarder. C'est fort bien. Mais en quoi consiste-t-elle? L'examen des procédés défensifs suggérés par la Conférence va nous renseigner. C'est le désir de fermer nos portes à un intrus désigné, encombrant, taré et dangereux. C'est aussi la crainte d'avoir à souffrir de sa concurrence, même « loyale », c'est-à-dire correcte. En somme, on dit « indépendance » économique pour « sécurité » économique. Ce qu'on

veut instituer, c'est une « police ». Seulement, indépendance sonne mieux.

⁂

Arrivons aux mesures d'après-guerre.

La Conférence officielle a prévu, — on l'a déjà re-
marqué, — qu'après la conclusion de la paix, les « Empires du Centre » seraient en mesure, de concert avec
leurs alliés balkaniques, de poursuivre, contre les puissances de l'Entente, une guerre économique. Cette
perspective est peu réconfortante. Quoi qu'il en soit,
le problème a été examiné comme si les données en
étaient les mêmes qu'avant l'ouverture des hostilités,
moins le traité de Francfort. C'était, dira-t-on, le seul
terrain sur lequel elle pouvait se mouvoir. Je ne le
pense pas. Quand on est réduit aux hypothèses, il faut
choisir l'hypothèse probable; et l'hypothèse probable,
c'est la destruction des systèmes actuels politiques et
économiques des régions du centre de l'Europe. C'est
pourquoi, en s'appliquant à régler d'avance des questions subordonnées à la politique commerciale qu'adopteront les pays alliés, et celle-ci devant être la conséquence de la situation générale créée par le traité de
paix, la Conférence — en s'abstenant de prévoir ce que

sera cette situation — n'a pu fixer une base stable à *l'alliance* économique qu'elle avait mission de préparer.

Elle n'en a pas moins cherché quelles devaient être les dispositions prises d'un commun accord en manifestations de cette alliance.

La première des mesures s'appliquant à la période transitoire, ou de « reconstruction » se réfère à la « restauration » des pays victimes de destructions, de spoliations, et de réquisitions *abusives* (1). Les Alliés « rechercheront en commun les moyens de faire restituer à ces pays, à titre privilégié, ou de les aider à reconstituer leurs matières premières, leur outillage industriel et agricole, leur cheptel et leur *flotte marchande* ».

Il n'y a là qu'un engagement moral; mais on doit lui reconnaître une signification très intéressante. C'est l'introduction, dans le règlement de la situation qui suivra immédiatement la guerre, d'un principe d'équité dont l'application est nécessaire au maintien des bonnes relations futures entre les Alliés. Cette déclaration était

---

(1) La restriction provenant de l'expression « abusive » donnera lieu, si elle est maintenue, à de nombreuses contestations. Toute réquisition non « payée » est abusive.

utile à provoquer avant que le lien unissant les puissances de l'Entente ait perdu de sa force.

Passons à sa mise en œuvre. L'intention exprimée
est double. C'est d'abord de constituer aux pays (et aux
territoires) ayant subi l'invasion de l'ennemi un privilège pour la récupération de leurs pertes matérielles.
Sur quoi s'exercera ce privilège? L'affaissement de la
situation financière des pays alliés ne permettra à aucun
d'eux de prélever sur ses ressources les éléments d'une
assistance en faveur de la « restauration » de ceux qui
auront souffert, sur leurs territoires, les plus grands
dommages. Par conséquent, les moyens de « faire restituer » à ces derniers leurs matières premières, leur
outillage, etc., se résument dans l'attribution à leur
profit, et jusqu'à concurrence de cette restauration, des
premiers recouvrements (en capitaux ou en nature) des
indemnités de guerre imposées aux vaincus.

Quant à la seconde intention, qui est « *d'aider* soli-
dairement » à cette reconstitution, nous n'apercevons
pas (sauf sous la forme d'avances à valoir sur lesdites
indemnités, avances qui pourraient être faites, ainsi que
je l'ai indiqué plus haut, par les Etats-Unis) de quelle
manière la bonne volonté des gouvernements alliés se
manifestera pour y donner une suite efficace; l'aide

dont il est ici question paraissant viser le cas où les restitutions et compensations exigées de l'ennemi seraient insuffisantes. Nous avons l'impression qu'on abuse un peu de l'idée de solidarité en l'appliquant à la période qui suivra la conclusion de la paix et que de cet abus peuvent résulter des déceptions. Une certaine communauté d'idées subsistera. Mais on ne saurait compter sur une sorte de *fusion* d'intérêts, même temporaire. Si une utile assistance peut être donnée aux pays qui ont été les plus éprouvés (en outre du privilège sur les indemnités) par ceux qui l'ont été le moins, c'est plutôt *après* la reconstitution du matériel détruit, ou pendant une partie de la période de réinstallation et pour favoriser les industries renaissantes. Elle consisterait à tenir généreusement compte des difficultés de la reprise des affaires. Qui serait juge du degré convenable de générosité? Tout cela est bien vague; et pourtant, en dehors de cette assistance indirecte, presque passive, il n'y a pas apparence qu'on en puisse instituer une autre.

Le second article des mesures « transitoires » est une précaution, moins superflue qu'elle le paraît au premier abord. Il décide :

Afin que la liberté d'aucun des Alliés ne soit gênée

par la prétention que pourrait émettre les puissances ennemies de réclamer le traitement de la nation la plus favorisée, il est convenu que le bénéfice de ce traitement ne
pourra être accordé à ces puissances *pendant un nombre
d'années* qui sera déterminé par voie d'entente entre eux.

Ceci est le premier anneau de la chaîne de l'*alliance
économique*. Il aura la solidité que lui donneront les
événements ultérieurs. Rien n'est plus facile que de
favoriser, par des conventions spéciales, le commerce
avec tel ou tel pays, et jusqu'à ce que celui-ci soit aussi
bien traité que les mieux traités, sans lui accorder le
bénéfice de la célèbre clause (1). Cependant il n'est pas
indifférent d'écarter *de plano* des suggestions qui auraient été sans doute formulées dès le lendemain de la
paix, et avec insistance, auprès des pays alliés, voisins
des « Empires du Centre ».

------

(1) Parmi les résolutions de la Conférence, il n'en est
aucune par laquelle les Alliés s'interdisent de conclure, dès
le lendemain de la paix, avec quelque pays que ce soit, même
ennemi de la veille, des conventions de commerce séparées.
Le pacte d'union du 4 septembre 1914, qui lie les Alliés pour
la poursuite de la guerre, n'a donc pas, jusqu'à ce jour,
d'équivalent en matière économique, s'étendant à la période
de paix, — sauf la restriction relative à la clause de la
nation la plus favorisée, et celle prévue à l'article 4, dont
nous parlons plus loin, du chapitre des mesures transitoires.

Prévoyant les répercussions du régime « moins favo-
risé » appliqué à ces « Empires », le même article sti-
pule, pour le cas où certains pays alliés en subiraient
des « conséquences désavantageuses », l'engagement
de « s'assurer mutuellement, pendant le même nombre
d'années convenu, des *débouchés compensateurs* dans
toute la mesure possible ». Les moyens d'ouvrir ces
débouchés ne sont pas indiqués; et cela est d'autant
plus regrettable que l'expression « débouché compen-
sateur » prête à diverses interprétations, entre lesquelles il est embarrassant de choisir. « Débouché » signifie
facilité ouverte à l'exportation. Mais par « compensa-
teur » entend-on facilité d'accès aux produits des Alliés,
dont l'importation dans les pays du centre de l'Europe
serait entravée par ceux-ci en mesure de représailles?
Ou bien veut-on dire recherche de procédés favorisant
entre alliés le commerce *d'autres produits*, en compensation de ceux que repousseraient les pays germaniques? Ou bien encore est-ce tout cela à la fois? Nous
n'osons en décider. Il semble qu'en somme l'effet immédiat, précédant toutes représailles, de l'exclusion plus
ou moins complète, par les pays alliés, des provenances
du centre de l'Europe étant d'en priver lesdits alliés, on
a voulu dire qu'on s'arrangerait entre soi pour « com-

penser » ces privations en se fournissant les uns aux
autres, autant que possible, ce dont chacun aura besoin.

Cette résolution de la Conférence étant liée à la
question du régime de la nation la plus favorisée, laquelle est essentiellement, sinon exclusivement, douanière, on peut conclure à l'intention d'organiser les
« débouchés compensateurs » par un jeu de tarifs doua-
niers ouvrant la porte aux amis et la fermant aux ennemis; tout au moins pour la période de reconstruction.

⁂

Mais l'article suivant (art. 3) nous conduit beaucoup
plus loin. Avec lui, nous entrons dans un domaine où
les gouvernements alliés ne devront s'aventurer qu'avec
grandes précautions, car c'est celui de l'autocratie en
matière commerciale. Il institue une sorte de canalisa-
tion générale des courants commerciaux, qu'aucun système de tarifs de douane ne pourrait faire fonctionner.
« Les Alliés, est-il dit, conserveront (1) pour les pays
alliés, *avant tous autres*, leurs ressources naturelles pendant toute la période de restauration commerciale, indus-

---

(1) « Conserver » dans le sens probablement de « réserver ».

trielle, agricole et maritime, et à cet effet ils s'engagent à établir des arrangements spéciaux qui faciliteraient l'échange de ces ressources. »

Il ne s'agit plus ici d'une politique dirigée uniquement contre les « empires du centre » ; mais d'une assistance réciproque en vue de l'échange des ressources naturelles entre alliés, et « avant tous autres ». Ce qui veut dire évidemment que les autres (y compris les neutres) n'auront part à ces ressources qu'après que les Alliés auront fait entre eux leurs échanges. Ainsi les matières premières demandées par l'Allemagne, la Suède ou la Suisse, ne leur seront envoyées qu'après que les marchés des pays alliés s'en trouveront suffisamment pourvus. A quels prix, la concurrence des autres marchés acheteurs étant supprimée? Il en serait de même du charbon anglais, des minerais de fer, des produits agricoles de France, des marbres et des fruits italiens, etc. L'intention, au point de vue sentimental, est excellente; mais les ressources naturelles d'un pays ne sont pas à la disposition de son gouvernement. Ce sont des propriétés privées. Comment l'Etat interviendra-t-il auprès des particuliers qui s'emploient à la production et au développement de ces ressources pour qu'elles soient réservées à l'échange entre pays alliés?

On aurait dû nous donner quelque indication à ce sujet.

D'autre part, en ce qui concerne nos ennemis, ce qui leur manquera surtout après la guerre, ce sont des matières premières, dont pour une partie très importante les Alliés sont grands producteurs : le coton, la laine, la soie, le nickel, etc. Ils chercheront à les avoir, soit directement, ou par l'intermédiaire des pays neutres. Ce sont des « ressources naturelles » qui, presque partout, sont exemptes des droits de douane, ou ne paient que des droits très faibles. Il ne suffit donc pas, à tels ou tels pays, pour s'en « réserver » le mutuel échange, de les admettre chez eux en franchise. Les gouvernements des nations qui les exportent ne peuvent alors empêcher ces produits de se rendre aux marchés les plus avantageux qu'en édictant des mesures arbitraires de prohibitions de sortie ou en établissant quelque système de primes spéciales destinées à encourager l'exportation dans des directions privilégiées. Dans les deux cas, les industries productrices en souffriraient dans tous les pays alliés, et dans le second cas, le contribuable du pays producteur paierait un impôt qui aurait le double inconvénient de ne pas servir à alimenter le budget et d'être prélevé au profit d'une industrie étrangère. Nos sympathies pour les principes du libre-échange ne vont pas jusqu'à recommander cette protection à rebours.

Enfin c'est méconnaître les conditions pratiques et nécessaires du commerce de prétendre déterminer, même approximativement, même pour un seul produit naturel d'usage général, des périodes de liberté et des périodes de restriction. Ce sont des procédés de temps de guerre. Ils seraient, en temps normal, absolument impraticables, ou pour mieux dire ruineux, s'ils devaient, comme on le propose, être appliqués sur une grande échelle et rester en vigueur pendant plusieurs années.

Deux moyens seulement peuvent donner satisfaction au désir qui, sur ce point, paraît avoir inspiré la Conférence; et tous deux doivent être employés concurremment. Le premier, c'est d'établir sur des bases très libérales les conditions d'échanges entre alliés, non seulement de leurs ressources naturelles, mais aussi des produits qui, après préparation, servent de matières premières à d'importantes industries; et de consolider ce régime par des conventions à l'abri desquelles se stabiliseront les courants commerciaux. Le second moyen, prévu au quatrième article des résolutions « transitoires », est de s'appliquer de concert à la suppression, par voie législative, de toutes les manœuvres incorrectes ou dangereuses de l'étranger sur le sol national, en visant surtout celles que les Allemands ont inventées, perfectionnées et généralisées avec une cynique persistance.

La puissance économique des pays neutres, et même de certains de nos alliés, s'est accrue, ne l'oublions pas, tandis que la nôtre décroissait rapidement. Il faut donc ménager avec soin des relations d'autant plus nécessaires que nous inclinons davantage à réduire l'importance de celles que nous entretenions avec les pays germaniques. Les Alliés, en limitant leurs ententes amicales à des préférences bien naturelles et à des mesures inspirées du souci d'écarter des concurrences déloyales ou agressives, prendront vis-à-vis des neutres la position la plus favorable. Il serait au contraire imprudent de nous isoler, même en groupe, ne fût-ce que pendant cette phase de « reconstitution » dont la durée peut être longue. Dans le même temps, en effet, se réorganiseront les rapports économiques internationaux pour une période s'étendant à plusieurs générations, si elle n'est pas troublée par une nouvelle guerre. Le rôle des Alliés y sera sans doute considérable. Il ne saurait être prépondérant, parce que s'il y a entre eux des intérêts communs, il y en a aussi de divergents. Ces derniers ont un caractère de permanence. C'est la fonction des hommes d'Etat de les concilier. Vainement ils tenteraient de les traiter en quantités négligeables.

**

Le quatrième article des mesures « transitoires » nous ramène à la défense de nos industries et de notre commerce contre les tentatives hostiles des « Empires du Centre » après la signature de la paix. En voici le texte, suivi de celui de l'article V, lequel complète le précédent et est le dernier de la liste des résolutions comprises dans ce chapitre :

IV. — Afin de défendre leur commerce, leur industrie, leur agriculture et leur navigation contre une agression économique résultant du *dumping* ou de tout autre procédé de concurrence déloyale, les Alliés décident de s'entendre pour *fixer une période de temps* pendant laquelle le commerce des puissances ennemies sera soumis à des *règles particulières* et les marchandises originaires de ces puissances seront assujetties ou à des *prohibitions* ou à un *régime spécial* qui soit efficace.

Les Alliés se mettront d'accord par voie diplomatique sur les règlements spéciaux à imposer pendant la période ci-dessus indiquée *aux navires des puissances ennemies.*

V. — Les Alliés rechercheront les mesures, communes
ou particulières, à prendre pour empêcher l'exercice sur
leurs territoires, par les sujets ennemis, de *certaines industries ou professions* intéressant la défense nationale
ou *l'indépendance économique*.

On a donc décidé de soumettre les puissances ennemies, en ce qui touche leurs rapports commerciaux avec
les Alliés, à un régime restrictif et spécial, pendant une
période de temps fixée d'avance. Cette période, distincte
de celle du régime douanier, également spécial, prévu
à l'article II, sera, comme cette dernière, déterminée
par un accord entre les gouvernements alliés. Nous en
devrions connaître la durée, le préambule des résolutions de la Conférence déclarant que « toutes les mesures propres à assurer, etc..., doivent être prises et réalisées *dès maintenant* ». Il y a de cela dix-huit mois,
et nos industriels, négociants et armateurs ne savent pas
encore pendant quelle « période de temps », après la
cessation des hostilités, le commerce des puissances
ennemies sera soumis à un régime « spécial ».

Toutefois, l'objet des dispositions qui seront appliquées, tant au commerce (en général) desdites puissances qu'aux marchandises originaires de leurs territoires,
et à leurs navires, est bien délimité. Il consiste à préve-

nir les effets du *dumping* ou de *tout autre* procédé de concurrence déloyale. En faisant mention expresse du *dumping,* on a voulu certainement préciser qu'il est à nos yeux une des formes de la concurrence déloyale.

Arrêtons-nous un instant à cette question. Elle est importante, puisque, disait en juin dernier notre ministre du Commerce aux représentants de la presse, « le *dumping* est l'arme favorite des Allemands pour la conquête de la suprématie commerciale ». M. Clémentel ajoutait : « C'est un ensemble de mesures, primes d'exportations directes ou détournées, ventes à l'intérieur plus cher qu'au dehors, etc..., qui ont pour but de ruiner les industries concurrentes étrangères. Il ne faut pas se faire illusion : le bon marché (créé par le *dumping*) dans un pays (le pays qui achète) n'est qu'éphémère ; il prépare les voies de coûteuses rançons. »

Tout cela est exact. Mais il est exact aussi que ce *dumping* n'est pas une invention allemande, et ne peut être rangé parmi les procédés de concurrence déloyale, — plus exactement agressive, — que s'il fait partie d'une organisation se proposant l'accaparement des marchés extérieurs, pour les avoir ensuite à sa discrétion. Le fait de vendre bon marché au dehors pour écouler un excédent de production qui ne peut être vendu à l'intérieur peut n'être qu'une conséquence logique de l'existence de cet excédent, car les prix de vente sur un marché dépendent de ce que ce marché peut supporter. Depuis fort longtemps les Etats-Unis offrent à l'étranger un grand nombre de leurs produits à des prix inférieurs à ceux payés en Amérique; et l'exportateur européen peut, au contraire, soutenir la concurrence locale des Etats-Unis, sur certaines marchandises, et aux prix de son marché national, même majorés des frais de transport, de douane et d'assurance. En Allemagne, comme l'explique M. H. Hauser dans son ouvrage récent, *les méthodes allemandes d'expansion économique,* le système du *dumping* ne fut d'abord que la conséquence de l'insuccès des *cartells* (ententes entre industriels pour limiter la production).

C'est sous l'impulsion des idées d'impérialisme qu'il est devenu une arme offensive et un instrument de conquête, en même temps qu'une hérésie économique. Il est donc assez difficile de discerner à quel moment cette pratique du double prix de vente cesse d'être un expédient pour limiter une perte, et se transforme en un procédé hostile justifiant des mesures de répression. La même remarque s'applique à l'autre forme du *dumping,* citée par M. Clémentel, et consistant dans l'octroi des primes directes ou détournées. Cette pratique est en principe mauvaise. Elle conduit presque toujours à des abus et des injustices qui, tôt ou tard, nuiront aux intérêts de la nation qui en fait largement usage. Aucun pays, cependant, dans l'état actuel des concurrences internationales, n'est prêt à renoncer entièrement à l'exercice de son droit d'accorder sur son propre territoire des facilités particulières au commerce d'exportation. L'organisation des tarifs combinés par voies de terre et de navigation, les subventions aux compagnies maritimes, la répartition des surtaxes et détaxes douanières, les encouragements de toute nature ayant pour objet ce qu'on appelle sans scrupule *la conquête* des marchés extérieurs, troublent le cours normal des échanges, y introduisent un facteur d'arbitraire. Toute intervention protectrice de l'Etat, sollicitée ou non, dans le domaine des transactions privées, est dans le même cas. C'est du *dumping*. L'emploi de ces procédés, s'il n'est pas toujours intelligent, est licite. Chacun a le droit d'en contrecarrer les répercussions. Mais on ne peut le qualifier de concurrence déloyale, puisque tout le monde y a recours, plus ou moins.

C'est encore au nom de la nécessité de prévenir une concurrence déloyale que les Alliés, aux termes du

second alinéa de l'article IV, veulent imposer des règlements spéciaux (pendant la période de « reconstitution ») aux navires des puissances ennemies. Pourquoi
chercher des prétextes quand on a des raisons? Il eût
mieux valu dire que les précautions jugées utiles à la
défense de nos intérêts commerciaux devaient s'étendre
au commerce maritime sous pavillon allemand. La concurrence déloyale n'est point ici en cause. La flotte
commerciale allemande a navigué, depuis sa création,
dans les mêmes conditions de droit que ses rivales. Si
elle a été un instrument très puissant d'expansion économique, c'est parce qu'elle a été bien organisée, bien
administrée, soutenue, encouragée par l'opinion et par
l'Etat, accueillie, même dans les ports français, avec
une bienveillance qu'il faudrait qualifier d'aveugle si
l'on ne savait qu'elle était intéressée.

    La vérité toute simple est que les Alliés ne veulent
pas rétablir leurs relations avec les pays germaniques
sur des bases analogues à celles d'autrefois. Le contraire serait bien surprenant. Ils désirent aussi ne faire,
au moins pendant quelques années, avec ces pays, que
le moins de commerce possible. On peut discuter sur
les avantages et les inconvénients de ce programme,
dont les résultats seuls permettront d'apprécier la va-

leur; mais il n'est pas contestable que les Alliés ont le droit, comme ils ont le pouvoir, d'en faire l'expérience. La seconde Conférence économique aurait donné plus d'autorité à ses décisions en ne les fondant pas seulement sur la déloyauté commerciale des Allemands; car toutes les personnes au courant de ces questions savent que là n'est point la cause unique, ni même la principale cause, de leurs succès passés. Elle n'est donc pas la seule source de nos appréhensions pour l'avenir.

☙

L'article V, dont j'ai donné ci-dessus le texte, étend aux personnes les précautions déjà prises contre les actes. Faisant partie, comme le précédent, du chapitre des mesures transitoires, il n'est sans doute prévu devoir être appliqué que pendant la période de « reconstitution ». Mais, pour cette période, il prescrit, à l'intention des « sujets ennemis », un régime d'exception qui supprime en principe toutes les garanties des droits individuels commerciaux de ces sujets établis sur les territoires des pays alliés. La formule « empêcher (dans le sens d'interdire) l'exercice de certaines industries ou professions intéressant la défense nationale *ou l'indé-*

pendance économique » de ces pays, est assez large pour y faire entrer toute entreprise, ou tout concours donné à une entreprise d'une certaine importance.

C'est une dérogation que personne, avant la guerre, n'entrevoyait comme possible, à un principe universellement admis dans le droit international. Le cours des idées modernes avait, presque partout, complété l'assimilation des étrangers aux nationaux, quant aux facultés d'établissement, de commerce et de profession. Nulle part, la législation n'imposait de différences de traitement entre les personnes de nationalités diverses. L'étranger, soumis aux lois du pays de sa résidence, était protégé par celles-ci, dans la même mesure et de la même manière, pour l'exercice de toute activité licite, quelle que fût sa patrie d'origine.

La Conférence des gouvernements alliés a proposé d'abolir, à l'encontre des « sujets ennemis », cette hospitalière égalité, qui était une des plus heureuses conquêtes de l'esprit de civilisation. C'est donc une résolution grave. On peut invoquer en sa faveur la prudence et la justice. La prudence nous enjoint de ne pas laisser entre des mains malfaisantes des instruments pacifiques qu'elles ne tarderaient pas à transformer en armes offensives. La justice ordonne de ne point accor-

der la même protection ni les mêmes libertés à ceux qui
respectent les règles de la bonne foi et les principes
fondamentaux des relations internationales, et à ceux
qui se vantent de les violer s'ils croient y trouver leur
intérêt. Pendant toute la durée de cette guerre, inaugu-
rée par un acte de félonie, la nation allemande a conservé l'attitude d'un mépris hautain du droit des gens
et, de ce fait, s'est chargée du fardeau de lourdes responsabilités morales. Elle a créé ainsi une situation sans
précédent, telle que la question des mesures à prendre
contre les « sujets ennemis » se réduit à une question
de fait; c'est-à-dire qu'elles doivent s'inspirer uniquement des convenances de ceux qui jugent utiles de les
imposer. Il n'est pas indispensable que ces mesures
soient identiques dans tous les pays alliés, le danger
de la pénétration germanique n'étant pas le même dans
chacun d'eux.

Mais jusqu'où veut-on étendre cet ostracisme? A
prendre à la lettre le texte de l'article V des résolutions
« transitoires », il serait limité aux industries touchant
à la défense nationale et à certains commerces organisés en vue de l'accaparement de produits nécessaires
à d'importantes industries. L'application de mesures de
ce genre, pour ne pas tomber dans l'arbitraire policier,

ou pis encore, nécessitera le concours de personnes im-
partiales, désintéressées et très au courant des grandes
affaires industrielles. Il ne sera pas facile de se le procurer. D'autre part, les Allemands s'efforceront de tourner la loi en se servant d'intermédiaires de nationalités
neutres; et certains pays, moins regardants que nous le
serons en matière de naturalisations, couvriront de leur
neutralité des entreprises en réalité allemandes. Quoique
la plupart des dissimulations, supercheries et autres
procédés malhonnêtes familiers à nos ennemis soient
aujourd'hui dévoilés, les distinctions nécessaires seront
malaisées à établir. C'est surtout dans un effort vers
l'unification internationale de la constitution des sociétés
commerciales et financières, ainsi que des conditions et
des responsabilités légales de leur fonctionnement à
l'étranger, qu'on peut trouver des solutions garantissant
contre les dangers d'accaparement par des influences
hostiles.

⁂

Le dernier chapitre des résolutions de la Conférence
se réfère aux mesures « permanentes », c'est-à-dire
« à l'organisation d'entr'aide et de collaboration entre
les Alliés » pour une période indéfinie. C'est une sorte

de programme de leurs relations futures; et l'importance en serait considérable s'il se présentait avec plus
de clarté et d'autorité.

L'autorité lui manque parce que les circonstances
actuelles ne permettent de préciser ni les conditions
générales économiques d'une période *postérieure de
plusieurs années* à la fin de la guerre, ni les vues des
gouvernants qui seront alors en fonction dans les divers
pays alliés. La conclusion de la paix devant être suivie
de grands changements, même en certains pays neutres,
les intentions manifestées aujourd'hui relativement à un
avenir encore éloigné ne reposent donc que sur des
conjectures. L'intérêt qui s'attache à ces projets, dont
la réalisation dépendra des résultats de l'application du
régime transitoire, est surtout théorique en tant que
projets permanents. Mais ils s'appliquent *aussi* à la
période de « reconstitution ». Ils complètent les intentions qui ont été formulées seulement en vue de cette
dernière. A ce titre, on ne saurait les négliger.

L'analyse des trois articles de ce chapitre va nous
montrer avec quelle prudence il faut s'avancer dans un
texte où l'abondance des généralisations s'unit à de
restrictives énumérations pour créer une atmosphère
d'obscurité d'autant plus gênante qu'en cherchant à la

dissiper, on n'entrevoit plus rien qui se prête à des réalisations pratiques.

Voici l'article premier :

I. — Les Alliés décident de prendre sans délai les mesures nécessaires pour s'affranchir de toute dépendance des pays ennemis relativement aux matières premières et objets fabriqués essentiels pour le développement normal de leur activité économique.

Ces mesures devront tendre à assurer l'indépendance des Alliés non seulement en ce qui concerne les sources d'approvisionnement, mais aussi en ce qui touche à l'organisation financière, commerciale et maritime.

Pour l'exécution de cette résolution, les Alliés adopteront les moyens leur paraissant le mieux appropriés selon la nature des marchandises et suivant les principes qui régissent leur politique économique.

Ils pourront notamment recourir soit à des entreprises subventionnées, dirigées ou contrôlées par les gouvernements eux-mêmes; soit à des avances pour encourager les recherches scientifiques et techniques, le développement des industries et des ressources nationales; soit à des droits de douane ou à des prohibitions à titre temporaire ou permanent; soit enfin à une combinaison de ces divers moyens.

Quels que soient les moyens adoptés, le but poursuivi par les Alliés est d'accroître assez largement la production sur l'ensemble de leurs territoires pour qu'ils soient à même de maintenir et de développer leur situation et leur

indépendance économique au regard des puissances ennemies.

Le premier alinéa n'est guère que la reproduction,
rédigée différemment, de l'article III, par lequel les
Alliés se réservent mutuellement leurs « ressources
naturelles ». Il y ajoute une sorte de « boycottage »
des objets fabriqués en pays ennemi, — s'ils sont
« *essentiels* pour le développement *normal* de leur activité économique » (1).

Les difficultés inhérentes au fonctionnement d'un
système d'exportations « réservées » à tels ou tels
pays ont été rappelées plus haut. L'affranchissement de
toute dépendance des pays ennemis s'applique ici aux
importations de ces pays sur les territoires des Alliés.
On désire écarter ces importations, quant aux matières
premières et aux objets fabriqués. « s'ils sont essentiels,
etc... ». Nous aurions mieux compris : « A moins qu'ils
ne soient essentiels »; mais il faut prendre le texte
comme il est.

Comment reconnaître que la non-importation d'une

(1) La rédaction du premier alinéa indiquerait que « *leur*
activité économique » se rapporte aux pays ennemis. Mais
le second alinéa visant les sources d'approvisionnement fixe
l'interprétation. Il s'agit de l'activité économique des Alliés.

matière ou d'un objet provenant de l'Europe centrale
est essentielle au développement normal de l'activité
économique d'un pays? Et qui sera chargé de cette
reconnaissance? On aurait bien dû nous offrir au moins
un exemple, pris dans la grande industrie, de ce cas
spécial. Il s'agit de mesures *permanentes*, donc posté-
rieures à la période de reconstitution, ou devant lui
survivre, et s'appliquant à des matières de grande consommation. Or, de deux choses l'une. Le pays « allié »
sera en mesure de produire la matière ou l'objet considéré, en concurrence avec les autres pays de l'Europe
centrale. En ce cas, les marchés neutres, aussi bien que
les marchés amis, lui seront ouverts ; et, *a fortiori*,
protégé par les frais de transport et autres accessoires,
sera-t-il maître du sien. Les mesures proposées seraient
inutiles. Ou bien la nature n'a pas doué le pays allié,
non plus que ses amis, pour ces mêmes productions,
des facilités existant dans l'Europe centrale. Il sera donc
contraint d'enfouir des capitaux dans une industrie qui
ne lui convient pas, sans autre résultat que de payer
cher ce qu'il pourrait avoir bon marché en l'achetant
au dehors. Impuissant à exporter les produits trop coû-
teux de cette industrie et de celles que, par des combinaisons analogues, il aurait ainsi facticement créées, il

aura rehaussé chez lui le prix de l'existence, donc les prix de revient dans *toutes* ses autres industries. Du même coup, il aura restreint ses débouchés en pays neutres, au profit de l'Allemagne et des Allemands. Le tout, par horreur ou crainte de ladite Allemagne et desdits Allemands !

Ces remarques ne s'appliquent pas, cela va sans dire, aux industries du matériel de guerre, qui sont en dehors du mouvement commercial et dont les gouvernements doivent, coûte que coûte, sauvegarder l'indépendance ; mais elles ne représentent pas, en temps de paix, la vingtième partie de la production générale alimentant le commerce entre les nations.

En abordant ces questions si complexes, on ne devrait jamais perdre de vue que les industries modernes, presque sans exception, vivent et se développent de plus en plus sur le principe de la spécialisation, c'est-à-dire de la division du travail ; et non seulement dans une même fabrique, ou dans un même pays, mais dans le monde entier. Ainsi, on a beaucoup vanté, récemment, et avec raison, la puissance de l'industrie chimique allemande. L'Angleterre veut s'en libérer ; nous aussi. Cela n'est pas impossible, pour un assez grand nombre de produits. C'est une question purement technique. Mais si l'Angleterre achetait à l'Allemagne pour 1.100 millions de produits chimiques, elle lui en vendait pour 800 millions; et naturellement *ce n'étaient pas les mêmes*. En s'appliquant à relever la fabrication des matières colorantes, chacun dans son pays, les Alliés feront un travail d'une incontestable utilité, qui aurait dû être entrepris beaucoup plus tôt. Il est pourtant sous-entendu que c'est avec l'espoir de produire aussi bien et aussi bon marché que leurs concurrents; car s'il y avait en faveur de ceux-ci une très appréciable différence de prix à qualités égales, notre industrie textile, utilisant les teintures nationales, serait compromise, et l'industrie textile anglaise, qui vit surtout d'exportations, le serait encore bien davantage.

Au surplus, qu'est ce développement *normal* de l'activité économique d'un pays? Nous entendons ce qu'est un développement *naturel :* l'exploitation intelligente des ressources du pays, d'autant plus intensive que ces ressources sont plus abondantes et plus recherchées par les pays qui n'en possèdent de semblables, ni en aussi grande quantité, ni d'aussi bonne qualité. Il semble qu'à la Conférence des gouvernements alliés on ait compris le développement *normal* comme étant à peu près le contraire du développement *naturel.* On veut, en effet, « s'affranchir » de toute dépendance relativement aux matières et objets fabriqués *essentiels*. Mais si ces matières et autres produits sont essentiels au développement naturel (comme l'est une bonne teinture à l'industrie des cotonnades de couleur), en s'en affranchissant on s'en prive; et le développement *normal,* qui en doit, paraît-il, résulter, va à l'encontre du développement naturel...

Il s'y oppose d'autant plus qu'il est en outre étatiste. La Conférence demande la création d'entreprises *dirigées* par les gouvernements eux-mêmes. Nous retrouvons ici le *processus* habituel des interventions de l'Etat français dans le domaine des affaires commerciales et industrielles, dont les résultats n'ont certes pas été encourageants. On commence par subventionner. La subvention engendre le contrôle, et le contrôle aboutit à une confiscation totale ou partielle. Les initiatives privées, incapables d'entrer en concurrence avec le « patron modèle » disposant des inépuisables ressources du budget national, s'évanouissent. Les entreprises d'Etat, dépourvues du puissant levier de l'intérêt personnel, se cristallisent en monopoles, sous l'administration de mandarins irresponsables. Voilà bien le moyen de relever des finances avariées!

L'emploi de ces procédés, qui sont la négation du bon sens en matière économique, sera, bien entendu, facultatif dans chaque pays. Mais un document avare de précisions ne les eût pas mentionnés si le projet de s'en servir n'était déjà arrêté dans l'esprit de ceux qui en ont fait la suggestion. Remarquons en passant que, même à l'égard de l'encouragement aux recherches scientifiques et techniques, le même esprit domine. L'Etat fera des « avances » aux industriels. Quels industriels? Il entrera donc en compte avec eux, surveillera, contrôlera, et nous serons heureux si son ingérence ne détruit pas le bien qu'aurait pu faire sa générosité.

En tout ceci, nous n'apercevons guère, jusqu'à présent, d'entr'aide et de collaboration. Les politiques économiques des Alliés étant fort dissemblables les unes des autres, l'efficacité des mesures de distribution entre eux des « sources d'approvisionnement » est douteuse. Quant aux entreprises subventionnées, contrôlées ou dirigées par leurs gouvernements respectifs, elles ne réclameront aucune *mutuelle* assistance ni coopération. Hormis le désir de nuire au commerce allemand, sur lequel on est d'accord, ··· au point de le considérer comme résumant tout le problème économique, ·· les bases d'une entente positive et pratique ne se laissent pas entrevoir.

Le dernier alinéa de l'article premier, en rappelant quel est le but poursuivi, « quels que soient les moyens adoptés », confirme cette appréciation. Il se borne à déclarer que les Alliés veulent accroître largement la production sur l'ensemble de leurs territoires, pour soutenir la concurrence des « puissances ennemies ». C'est un simple truisme. Tous les pays ont ou doivent avoir le désir d'accroître leur production, qu'il y ait ou qu'il n'y ait pas de « puissances ennemies ».

⁂

Les articles II et III (des mesures permanentes) sont plus précis que l'article premier. Si l'on n'y trouve pas l'expression concrète d'une intention d'entr'aide, bien difficile à réaliser sur le terrain économique après la guerre, on y rencontre celle d'un désir de collaboration qui peut avoir des résultats d'ordre pratique :

II. — Afin de leur permettre d'écouler réciproquement leurs produits, les Alliés s'engagent à prendre les mesures destinées à faciliter leurs échanges tant par l'établissement de services directs, rapides et à tarifs réduits de transports terrestres et maritimes, que par le développement et l'amélioration des communications postales, télégraphiques ou autres.

III. — Les Alliés s'engagent à réunir des délégués techniques pour préparer les mesures propres à unifier le plus possible leurs législations concernant les brevets d'invention, les indications d'origine, les marques de fabrique ou de commerce.

Les Alliés adopteront à l'égard des inventions des marques de fabrique et de commerce, des œuvres littéraires et artistiques, créés durant la guerre en pays ennemis, un régime autant que possible identique et applicable dès la cessation des hostilités.

Ce régime sera élaboré par les délégués techniques des Alliés.

Ici, le domaine de l'action commune est circonscrit. L'article II vise exclusivement les facilités d'échange à créer entre les pays alliés et les indique en les limitant à celles de transport et à celles de communications de la pensée. Aucun principe général, même accompagné de réserves, n'est énoncé au sujet du régime fiscal qui sera appliqué à l'échange des produits. Nous ignorons donc dans quelle mesure, ou plutôt avec quelles arrière-pensées, les gouvernements alliés se proposent de faire des sacrifices pour établir « des services directs, rapides et à tarifs réduits de transports terrestres et maritimes », afin de développer les échanges, — en même temps qu'ils élèveront ou maintiendront sur leurs frontières des obstacles destinés à restreindre ce développement.

Rien ne pouvait mettre mieux en évidence la subordination, si regrettable, des nécessités économiques aux convenances de la politique. Il est absurde, évidemment, de donner et retenir à la fois. Si l'on croit l'activité des échanges avantageuse, jusqu'à réclamer des contribuables (qui déjà seront surchargés du poids de nouveaux impôts) les ressources nécessaires au paiement de fortes subventions à des compagnies maritimes ou de chemins de fer auxquels on imposera des *tarifs réduits,* le bon sens ordonne de laisser au moins à ces mêmes contribuables le bénéfice du bon marché des importations. Mais, grâce aux subventions, l'industrie des transports sera satisfaite; grâce à la « protection » douanière, les manufacturiers seront satisfaits, — momentanément. Seul, le consommateur paiera, et paiera double. Le consommateur, qui est tout le monde, qui est l'incarnation de l'intérêt général, est sans force et sans influence. Les autres sont des groupes et sont organisés. Lui est une masse, un corps énorme, inerte, passif. Il n'est que « la nation ». Nous aurons donc, peut-être, de grandes et nouvelles facilités d'échange avec nos alliés, ce qui est fort désirable, mais si la logique des faits et l'accord des bonnes volontés ne triomphent pas finalement, nous conserverons les mêmes difficultés d'échange, avec eux et avec les autres, que nous subissions avant la guerre.

Sous cette réserve, les articles II et III peuvent conduire à des arrangements qui nous rapprocheraient d'une conception libérale des rapports entre pays amis, à tous égards désirable.

D'autre part, en décidant qu'un régime spécial à l'égard des inventions, marques de fabrique et de commerce, œuvres littéraires et artistiques, créées *durant la guerre* en pays ennemis, sera adopté et applicable chez tous les Alliés, *dès la cessation* des hostilités, la Conférence a implicitement admis que les mesures antérieures de protection applicables aux inventions, marques et œuvres, créées *avant la guerre,* reprendraient alors leur vigueur. Ainsi est soulevée, même réglée, avec une bien grande indulgence, une grosse question de principe. Les Alliés n'auront, en signant la paix, ni motif, ni intérêt à protéger les inventions, les marques, ni les œuvres créées en pays ennemi, *même avant la guerre.* La cessation des hostilités, selon toute apparence, se produira brusquement. Les traités qui nous liaient aux puissances ennemies étant annulés, la règle la plus sage serait, dans notre opinion, de poser en principe, dès aujourd'hui, que l'ouverture de négociations de paix n'aura, *ipso facto*, « aucune autre conséquence » que de suspendre les opérations militaires. Par ailleurs, l'*état de paix* ne doit être rétabli que par la volonté des Alliés, lesquels concéderont expressément, ou ne concéderont pas, aux puissances ennemies, les facilités, et à leurs sujets les protections, qui font partie du droit usuel international en temps de paix, ou faisaient partie du droit conventionnel avant la guerre.

Sur ce point, nous croyons être d'accord avec l'opinion publique chez nous et chez nos alliés. Il est essentiel, pour que les peuples germaniques entrent dans la voie des réflexions salutaires, de leur faire sentir qu'ayant abandonné volontairement, avec éclat, avec arrogance, le terrain du droit public, ils n'y sauraient rentrer du seul fait que la paix leur aura été accordée. Nous ne voyons donc aucune utilité à « élaborer » en leur faveur un régime, même spécial, même limité, de protection pour leurs œuvres et leurs marques, applicable dès la cessation des hostilités. Le seul régime qui convienne, à ce moment, est celui de la protection nulle, sans distinction d'ancienneté. Le traité de paix restituera aux sujets germaniques, sur les territoires des Alliés, et sauf les réserves jugées utiles, les protections de droit commun applicables aux personnes et aux biens. Pour le reste, on aura ensuite le loisir d'examiner quand, et dans quelle mesure, on pourra leur octroyer davantage. Telle est, selon nous, la saine théorie à pratiquer au lendemain de la guerre.

⁎

L'énumération des résolutions de la Conférence se termine ainsi :

Les représentants des gouvernements alliés,
Constatant que pour leur défense commune contre l'ennemi les puissances alliées sont d'accord pour adopter une même politique économique, dans les conditions définies par les résolutions qu'ils ont arrêtées,
Et reconnaissant que l'efficacité de cette politique dépend d'une façon *absolue* de la mise en œuvre *immédiate* de ces résolutions,
S'engagent à recommander à leurs gouvernements respectifs de prendre *sans retard* toutes les mesures propres à faire produire *immédiatement* à cette politique *son plein et entier effet* et de se communiquer entre eux les décisions intervenues pour atteindre ce but.

On ne saurait trop approuver l'insistance avec la-

quelle les représentants des gouvernements alliés ont
réclamé la mise en œuvre immédiate des décisions
prises, afin de faire produire « son plein et entier effet »
à la politique économique dont ils ont « défini les conditions ». Il n'y avait pas de temps à perdre; car, quelle
que soit la durée de la guerre, cette mise en œuvre ne
sera pas entièrement achevée au moment où s'évanouira
l'écho du dernier coup de canon. Nos administrations
sont surchargées par le concours qu'elles doivent donner à la conduite même de la guerre et à la surveillance
de ses innombrables répercussions. Nos Parlements ne
possèdent pas le don des décisions rapides. Enfin les
négociations entre alliés sur tant de sujets graves et
complexes se heurtent à d'inévitables lenteurs. On aime
à croire que le silence dont s'entourent les gouvernements dissimule un travail soutenu, méthodique et productif. On en pourra juger quand les projets de lois sur
le « bloc économique » des Alliés auront été rendus
publics; mais un retard de dix-huit mois déjà à les dépo-
ser autorise quelques appréhensions.

Quant à présent, la « constatation » placée en tête
de la déclaration finale de la Conférence appelle une
remarque nécessaire. En fait, cette conclusion est
inexacte, n'étant exacte qu'en partie. Elle annonce un

accord entre les puissances alliées. Cet accord existe,
en effet, sur une intention commune touchant divers
points de leur politique économique et sur une direction
à donner aux rapports qui seront rétablis après la paix
aux puissances ennemies, à supposer que les pays allemands et la Turquie puissent encore prétendre au titre
de « puissances ». Mais les conditions définies par les
résolutions de la Conférence ne caractérisent pas une
politique économique, c'est-à-dire une conception générale des rapports d'intérêt économique d'un pays avec
les pays étrangers. La politique des traités de commerce,
celle du libre-échange avec douanes exclusivement fis-
cales, celle des hauts tarifs arrêtant les importations
afin de protéger les industries nationales, celle de l'impérialisme colonial sont au nombre de ces conceptions.
Des mesures dirigées contre le commerce d'un ou de
plusieurs Etats, si justifiées ou si énergiques qu'elles
puissent être, ne constituent pas à elles seules une
politique économique. Ce ne sont, en définitive, que
des expédients, répondant aux besoins d'une période
accidentelle et anormale.

Dans un document aussi sérieux, et surtout dans sa
conclusion, les termes exactement pesés sont de rigueur.
Puisque cette conclusion « constate », nous constatons

à notre tour qu'elle va au delà des réalités. Les Alliés ne sont et très probablement ne seront pas d'accord pour « adopter », après la guerre, « *une même politique économique* ».

*

Cette Conférence officielle paraissait devoir être suivie de réunions du même genre, au cours desquelles on aurait essayé de compléter l'œuvre de la première, tout au moins en y apportant quelques précisions, indispensables, comme on vient de le voir. Ce projet n'a pas été réalisé. Il est douteux qu'il le soit, la révolution en Russie et la déclaration de guerre des Etats-Unis à l'Allemagne ayant profondément modifié les bases possibles d'une étroite entente économique entre les gouvernements alliés. En tout cas, si la tentative en est renouvelée, un remaniement sérieux des décisions prises en 1916 sera nécessaire.

Une seconde Conférence interparlementaire a été tenue à Rome en mai 1917, sans aboutir à des propositions d'un caractère bien déterminé sur la politique générale d'après-guerre. En octobre 1917, le Conseil général de cette même Conférence s'est réuni à Paris. Il a cru devoir adopter une motion de M. Ad. Landry, signalant aux gouvernements alliés, « en vue de hâter la fin de la guerre », *l'urgence* de menacer les pays ennemis de leur fermer *à l'avenir* les débouchés qui constituent leurs marchés et de leur refuser les denrées ou les matières premières dont ils ont besoin. J'ai déjà dit quelles objections soulèvent des suggestions de cette nature. Celle-ci apparaît particulièrement dangereuse, en ce qu'elle autoriserait notre ennemi à dire, peut-être à croire, que, ne comptant plus sur notre force militaire, nous sommes disposés à acheter la paix en prenant vis-à-vis de lui des engagements en faveur de la liberté de son commerce.

En résumé, l'ensemble des travaux des deux Conférences internationales, la première, interparlementaire, et la seconde, gouvernementale, résume les intentions du personnel dirigeant actuellement la politique des nations alliées à l'égard des questions économiques dont elles ont eu, l'une et l'autre, à s'occuper.

La première, restant dans son rôle de Commission d'études, n'a formulé que des vœux, sans indiquer d'orientation générale autre que la nécessité d'une entente économique destinée à prévenir l'envahissement des marchés internationaux par les puissances ennemies. Mais elle a appelé l'attention sur un grand nom-

bre de questions de droit commercial, qui devront être
résolues dans un même esprit, pour le bon fonctionnement de cette entente. Elle a été intéressante surtout
par ses débats où se sont affirmés, notamment de la
part des délégués britanniques, des tendances en faveur
d'une défensive offensive contre l'expansion du commerce allemand, pendant la période qui suivra la conclusion de la paix.

La seconde Conférence, représentant officiellement
les gouvernements alliés, et chargée de présenter des
« résolutions », approuvées d'avance, au moins en principe, par lesdits gouvernements, avait une responsabi-
lité qui ne pesait pas sur les délibérations de la précédente. Ainsi que nous l'avons dit plus haut, les décisions
qu'elle a prises ne peuvent être examinées à la lumière
de débats tenus secrets. D'autre part, en ce qui touche
le régime économique (après la cessation des hostilités)
des pays intéressés, la nécessité de soumettre les projets relatifs aux mesures d'exécution à l'assentiment
parlementaire invitait les délégués à s'abstenir de précisions pouvant devenir embarrassantes. Enfin les
délégués, même ceux d'un même pays (les délégués
anglais notamment), avaient des vues différentes en
matière de politique commerciale.

Dans de telles conditions, la seconde Conférence
devait, plus que la première, être influencée par des
considérations de politique pure, même de politique
sociale. En effet, les ministères de « coalition », dont
les membres, très fermement convaincus de la nécessité
de « l'union sacrée », collaborent avec ardeur, sans
arrière-pensée, à la conduite de la guerre, n'en sont
pas moins des réunions d'hommes politiques, et non de
commerçants, de financiers et d'économistes. L'idée de
paix y réveille automatiquement, pour ainsi dire, les
préoccupations du temps de paix. Ce sont, — ne crai-
gnons pas de l'avouer, puisqu'il ne saurait en être
autrement, — des préoccupations de parti, ou, si on le
préfère, de gouvernement. Nous n'avons donc pas été
surpris de voir, par exemple, M. Asquith, dans son discours d'explication des résolutions de la Conférence,
après avoir parlé de l'aide qui serait donnée aux recherches scientifiques et techniques, intercaler un cou-
plet sur « l'obligation de l'Etat de s'occuper de la
« répartition *des bénéfices de la nouvelle politique.* —
« Le gouvernement de Sa Majesté, a-t-il ajouté, consi-
« dère avec sollicitude, de concert avec les représen-
« tants du Travail, les questions touchant notre poli-
« tique sociale et industrielle, en vue de réaliser, entre

« toutes les classes, une plus juste distribution des
« profits de nos industries. » Ceci ne se rattache que
bien indirectement aux accords préparés par les Alliés.
M. Asquith n'ignore pas que, pendant les années qui
suivront la guerre, la concurrence industrielle avec les
autres pays sera, pour les anciens belligérants, plus
sévère que jamais, que le poids des impôts aura pour
effet de réduire les bénéfices industriels, et que la
« juste distribution », telle qu'il la laisse entrevoir,
rendrait cette concurrence encore plus redoutable. Mais
un ministre parlementaire n'a jamais résisté à la tentation de préparer à son parti une bonne posture électorale.

Préparons-nous à entendre encore des déclarations
du même genre. Elles peuvent être parfaitement sincères et ne doivent point nous étonner. Plus que d'en
faire la critique, il importe d'éclairer le pays sur les
conditions positives, inéluctables, des questions économiques que posera la fin de la guerre. La fortune ne
nous viendra pas sur les ailes de la victoire. Voilà ce
qu'il importe que chaque Français sache et comprenne
pour y puiser le courage d'ajourner des espérances que,
pendant une longue période, aucun gouvernement, aucun régime, aucun génie ne pourrait satisfaire.

Au point de vue économique, l'une des plus intéressantes résolutions prises par la Conférence officielle est la suppression, pour un certain laps de temps à déterminer, du bénéfice de la clause de la nation la plus favorisée, en faveur des pays ennemis. Ce n'est pas, — je l'ai déjà dit, — qu'il en résulte nécessairement une grande gêne pour eux, mais cette décision conduira peut-être, on doit l'espérer, à un arrangement dont l'objet serait de rendre cette suppression définitive et universelle. Elle est très désirable, et s'harmoniserait avec le système de défense économique qu'on se propose d'inaugurer.

Quelques explications à ce sujet peuvent intéresser le lecteur, l'interprétation et les conséquences de cette clause étant, en général, peu connues, quoique d'importance capitale.

Elle apparaît pour la première fois dans le traité conclu en 1788 entre la France et les Etats-Unis, qui s'engageaient mutuellement à n'accorder à aucun tiers pays un avantage quelconque, en matière de commerce ou de navigation, sans en faire profiter l'autre partie contractante. Mais il y avait une réserve. L'avantage en question ne serait acquis (à la France ou aux Etats-Unis) que s'il avait été concédé au tiers pays librement (*freely*), c'est-à-dire gratuitement. Dans le cas contraire, l'autre partie contractante n'y aurait droit qu'en offrant à la première une compensation équivalente à celle déjà donnée à celle-ci par le tiers pays.

En somme, la clause de la nation la plus favorisée concédait le droit, en cas de faveur accordée à un autre pays, de s'en assurer la jouissance au prix payé par celui-ci.

Les Etats-Unis ont maintenu cette interprétation. Mais, en Europe, un peu par négligence, beaucoup par condescendance, on a pris, depuis un demi-siècle environ, l'habitude de ne point tenir compte de la restriction stipulée dans le traité initial de 1788. Il suffit qu'un pays accorde une concession à un autre, avec ou sans compensation, pour que le premier soit tenu d'en faire bénéficier immédiatement et *gratis* tous les pays qui jouissent auprès de lui de la clause de faveur. Celle-ci crée donc un obstacle permanent aux désirs que peuvent avoir deux nations d'améliorer leurs rapports commerciaux réciproques, en les obligeant l'une et l'autre d'accorder sans compensation, à d'autres pays, les mêmes avantages que ces deux nations ne sont disposées à se concéder entre elles qu'à titre d'échange.

A mesure que les transactions internationales se sont

développées et spécialisées, cette clause octroyant à
certains privilégiés des avantages automatiques est devenue de plus en plus gênante. Son application a donné
lieu, tantôt à des contestations laissant le commerce en
un état fâcheux d'incertitude, tantôt (comme en Allemagne) à des « spécifications » arbitraires indignes de
gouvernements sérieux (1). Aujourd'hui, l'une des
bases de la politique commerciale future des Alliés
étant l'établissement de conventions réciproques spéciales, la disparition de la clause de la « nation la plus
favorisée » est devenue nécessaire. Nous y trouverons
des facilités qui ont fait défaut jusqu'à présent, pour
établir en France des industries *stables* en vue de
l'exportation. Mais il faudra auparavant nous mettre
en règle, ou d'accord, avec la Suisse, la Roumanie et
la Russie, pour nous dégager des obligations conven-
tionnelles (avec tarifs annexés) qui nous lient à ces
trois pays.

Quand nous serons débarrassés de cette clause de

---

(1) On a souvent cité la décision du Gouvernement de
Berlin accordant une réduction des droits de douane au bétail
élevé au-dessus d'une certaine altitude, afin de faire à la
Suisse une faveur dont ne pourrait profiter la France. C'est
la plus connue et la plus cynique ; mais il y en eut plusieurs
autres analogues.

paresse, qui évitait la peine d'examiner dans le détail
la situation de nos plus importants intérêts commerciaux, on pourra étudier utilement l'opportunité de
clauses de « dénonciation », pour le cas où un Etat
viendrait à violer indirectement les engagements pris
à notre égard. Dès lors, à l'abri de traités qui, sans
mettre les marchés des Alliés en commun, ainsi qu'on
l'a étourdiment proposé, ouvriraient entre eux de larges
communications pour des périodes suffisamment longues, nous serons à même de surveiller l'action allemande tenue à distance par une législation spéciale.
Le loyal essai de l'entente économique, sur laquelle il
ne faut pas fonder tous nos espoirs, mais qui est dans
la logique de la situation générale, se ferait ainsi dans
les conditions les plus favorables.

C'est d'ailleurs dans cette voie que s'est le plus heureusement manifesté l'effort de la Conférence. Si elle a
dépassé la mesure raisonnable en attribuant aux gouvernements, et à titre de régime permanent, le rôle de
distributeurs des produits essentiels à l'activité économique des pays alliés — alors que ce rôle doit être
limité aux produits essentiels à la défense nationale, —
un examen plus attentif des conditions de cette activité
suffira sans doute à écarter une aussi aventureuse con-

ception. La reconstitution de nos capitaux disparus ne saurait s'accommoder, après la paix, d'une sorte d'état de siège économique sous l'autorité d'une bureaucratie commerciale officielle.

Par contre, en renonçant à aborder la question du régime douanier, la Conférence a fait implicitement la preuve de l'impossibilité de réaliser le « bloc économique » des puissances alliées. Personne ne supposait qu'elle pût proposer l'établissement d'une *union* douanière, évidemment impraticable. Mais entre une aussi radicale solution et l'exclusion complète du principal régulateur des rapports commerciaux entre nations différentes, il y avait place pour un échange de vues laissant l'espoir d'arriver à un accord sur une orientation générale. Il semblait même que l'obligation pressante d'accroître dans de très fortes proportions les ressources budgétaires de chaque Etat, après la conclusion de la paix, dût favoriser cet accord. On eût pu décider, par exemple, que les gouvernements alliés s'engageaient à ne s'opposer les uns aux autres, autant que possible, que des tarifs établis dans un intérêt fiscal, et à adopter ce principe comme base des Conventions à intervenir ultérieurement entre eux. Le vieil esprit, étroit et batailleur, du protectionnisme s'y est opposé. On a semblé

craindre de prononcer les mots « libre-échange » et
« protection », qui sont devenus des devises de guerre
arborées par les partis dans presque tous les pays du
monde. Il faudra bien y venir.

*
* *

N'étant pas tenu à la même circonspection, j'y vien-
drai tout de suite; non pour reprendre l'éternelle discussion sur la balance du commerce et les intérêts du
« travail national », mais pour faire voir que le cadre
des anciennes disputes est aujourd'hui débordé. Si la
solution des problèmes économiques de l'heure actuelle
est rendue extrêmement difficile par leur complexité,
on peut, au contraire, aisément et en peu de mots,
indiquer comment, dans leur physionomie générale résultant des causes mêmes de la guerre, ils se pré-
sentent.

Après la paix, les vérités économiques resteront des
vérités. Il sera toujours incontestable que chaque nation a intérêt à acheter ce dont elle a besoin là où elle
le trouve à meilleur compte, et à vendre ses produits là
où ils sont le plus demandés. La nature ayant réparti
inégalement les facultés et les variétés de production entre les différents pays, tout le monde a avantage à profi-

ter de ce qu'elle a donné à chacun, en se distribuant les excédents. La liberté des échanges est une condition du bien-être de l'humanité. Il sera toujours absurde, tandis qu'on poursuit sans relâche l'amélioration des moyens de transport internationaux, d'élever, chacun le long de sa frontière, des murailles que les marchandises du dehors devront s'efforcer de franchir avant d'arriver aux mains des consommateurs nationaux. Tout ce qui crée une entrave au commerce entre les peuples (c'est-à-dire entre individus habitant des pays différents, car le commerce ne se fait qu'entre individus), est donc essentiellement nuisible, et ne se peut excuser que par la nécessité de fournir au budget de chaque pays des ressources dont il ne saurait se passer. A quoi on doit ajouter que, de tous les procédés ayant pour objet de restreindre ce commerce, le droit de douane « protecteur » est le moins intelligent parce qu'il a des répercussions malheureuses, et le plus injuste, parce qu'il frappe le plus grand nombre des citoyens pour la satisfaction des intérêts d'une minorité.

Cette inattaquable théorie, cependant, repose sur un *postulatum,* qui est qu'elle s'applique au commerce, et rien qu'au commerce, c'est-à-dire à une rivalité pacifique entre individus de toutes nationalités, observant les règles d'une loyale concurrence, et, par des moyens avoués, honnêtes, connus de tous, acceptés par tous, recherchant de légitimes bénéfices. Déjà, en temps normal, les rivalités politiques de nations à nations justifiaient certaines atteintes à l'intégrale application de ces excellents principes. On considérait, par exemple, et avec raison, qu'il était sage de n'être pas, pour les produits nécessaires à la défense nationale, tributaire de puissances étrangères avec lesquelles on pouvait craindre de se trouver quelque jour en état d'hostilité. Ces exceptions particulières n'infirmaient pas le principe du respect du cours naturel des transactions, et les pays qui s'y soumettaient, l'Angleterre notamment, n'avaient pas à le regretter.

Mais si une nation puissante détruit le *postulatum*; si elle se sert de son activité commerciale comme d'un instrument offensif au service d'un appétit de domination politique; si, abusant des facilités qu'on lui accorde, elle va s'emparer chez les autres des sources de productions utiles à ses desseins, emploie pour satisfaire son effréné désir de richesse et de pouvoir, tous les procédés inavouables que peut lui suggérer sa fertile ingéniosité, y compris l'abus de confiance, la corruption et l'espionnage; si enfin, cette nation, pour une telle œuvre de spoliation et de démoralisation, est soutenue, encouragée, même organisée par son gouvernement, le devoir de chacune des autres est de se protéger en lui appliquant des mesures d'exception, jusqu'à ce qu'elle ait donné des gages de son retour à des idées saines, à des intentions pacifiques et à des pratiques correctes.

Ainsi apparaît la nécessité d'une distinction entre le principe général du libre-échange des produits, dont il est et sera toujours désirable de se rapprocher, et la théorie du « laissez faire » qui en constitue, — nous en avons la preuve, — une imprudente extension.

Cette distinction n'apparaît pas dans les décisions et les vœux des conférences internationales des Alliés, en ce qui touche à la direction de la politique commerciale après la guerre. On y trouve, au contraire, une involontaire confusion entre les questions de sentiment et les questions d'intérêt. Ces Conférences ont traité les questions économiques dans un esprit presque exclusivement politique; et c'est pourquoi les résultats de leurs travaux n'offrent qu'une base incertaine et fragile aux négociations futures.

Il fallait s'y attendre. Les Conférences interparlementaires ont réuni un grand nombre de personnes familiarisées avec les matières dont elles se sont occupées, cependant pour la plupart n'en possédant aucune pratique. Quant à la Conférence officielle, formée de 18 ministres en exercice et de 39 fonctionnaires, elle ne comprenait assurément que des hommes de mérite; mais les uns ne pouvaient représenter que les vues de l'Etat sur ses fonctions d'assistance au commerce et à l'industrie, les autres n'avaient qualité que pour apprécier les conditions des rapports de l'Administration avec les producteurs et les négociants. Ni ceux-ci, ni ceux-là n'étaient *représentatifs* des intérêts en cause. Aussi n'ont-ils pu serrer les questions, n'ont-il pas pensé que le travail devant précéder tout débat relatif au commerce international était de dresser les *cartes de production* des amis et des ennemis, sans oublier leurs possessions d'outre-mer, et se sont-ils bornés à manifester des intentions, sans indiquer les moyens pratiques de les réaliser.

De cette stérilité, relative, des Conférences instituées en vue de préparer, de concert avec nos alliés, le relèvement de nos forces pacifiques, se dégage une leçon. C'est la nécessité, si l'on réunit de nouvelles Conférences, d'y introduire, *en majorité*, des personnes possédant *l'expérience* des affaires dont on aura à discuter.

Mais voici un autre problème qui se dresse. La leçon porte bien au delà du domaine d'arrangements commerciaux à faire ou à ne pas faire. Elle s'applique à toute notre vie nationale. Où sont les compétences qui la gouverneront désormais? Pourquoi ne les trouve-t-on pas en foule dans les Chambres françaises? Comment les y introduire? L'attention est fixée. Elle ne se détournera pas. Il faut répondre.

C'est le sujet des deux derniers chapitres de cette étude.

IV

DE L'ORGANISATION
DU TRAVAIL NATIONAL

La question posée au précédent chapitre est celle de l'amélioration de notre système politique par l'introduction des compétences dans les Assemblées élues. Le choix n'en peut être bien fait que par ceux qui sont intéressés à ce que l'élection soit une sélection. Examinons d'abord s'il en est ainsi, c'est-à-dire si le mécanisme actuel, dont les hommes au pouvoir ne sont pas responsables, puisqu'il a été créé et conservé avec l'assentiment du peuple français, peut offrir au travail de reconstruction indispensable après la guerre l'assistance d'un organisme gouvernemental *ordonné raisonnablement.*

« Raisonnablement » signifie, dans l'espèce, logiquement, ou mieux encore, s'adaptant aux conditions du monde moderne. Disserter sur le progrès et le recul, l'action et la réaction, expressions au sujet desquelles on ne s'est jamais entendu dès qu'il a fallu passer de la théorie à la pratique, serait ici hors de propos. On voudra instituer, — s'il est reconnu qu'on ne le possède pas, — un gouvernement par le pays, et pour le pays, qui aide la nation à tenir son rang parmi les autres peuples, à participer à leur activité en soutenant leur concurrence, selon nos forces, nos ressources et nos aptitudes, sur tous les champs de l'initiative humaine. Tel est, en dehors de la pure idéologie, le problème.

*
**

La condition première d'un pareil gouvernement est d'être *représentatif* de l'intérêt national. L'accord sur ce point est unanime. Seulement, comme on ne sait pas ce qu'est l'intérêt national, chacun l'entendant à sa manière, l'accord s'est fait sur une équivoque, et devant une précision il s'évanouit.

L'égoïsme individuel a suggéré que l'intérêt est la somme des intérêts particuliers; décevante formule, puisque les intérêts particuliers sont, pour la plupart, opposés les uns aux autres. Cependant, l'esprit démocratique, ayant coutume de s'arrêter à la surface des choses, s'est emparé de cette conception rudimentaire, digne des âges préhistoriques. Moyennant quoi, les conflits d'intérêts, encouragés, aigris, excités par les conflits de sentiments, ont converti le territoire en un champ clos de luttes acharnées, stériles, antinationales.

Les professionnels de ce sport imbécile le décorent du nom de Politique. Il n'a pourtant rien de commun avec l'art de maintenir l'union entre les citoyens, d'accroître le prestige de la nation au dehors, d'assurer la stabilité, la liberté du travail et le bien-être à l'intérieur, œuvre essentiellement pacificatrice et préservatrice, qui est l'objet de toute politique, au sens naturel de ce mot.

L'intérêt national n'est pas la somme des intérêts particuliers. Il n'a même rien à voir, *directement*, avec eux. Ceux-ci bénéficient de tout ce qui lui est favorable, mais si chacun d'eux participe à l'intérêt général, c'est à titre d'élément dans les divers groupes d'intérêts *nationaux*, et non à titre individuel. Ainsi, l'intérêt national, ou général, celui dont le gouvernement a la charge, celui dont il doit être aussi exactement que possible, la représentation, est l'ensemble, — non la somme, — des intérêts *collectifs* qui sont les ressorts des activités utiles à la nation.

Au contraire des intérêts particuliers ou locaux, ces intérêts, de l'ordre économique (industriels (1), com-

---

(1) J'entends par intérêts industriels tous ceux qui se rattachent à la « production ».

merciaux, financiers), de l'ordre intellectuel (scientifiques, artistiques, littéraires), et de l'ordre social (administration, justice, bienfaisance), quoique très distincts,
sont rarement opposés les uns aux autres. Les intérêts
régionaux sont aussi parmi les composantes de l'intérêt
national, parce que la région, ayant le plus souvent de
grands intérêts communs ou connexes, peut, en s'organisant pour la production, atteindre à une sorte d'unité
d'exploitation par la coordination des efforts de ses
différentes parties, et obtenir de meilleurs résultats que
par la diffusion de ces efforts.

Par conséquent, les pouvoirs élus doivent être représentatifs, non des intérêts des *individus* : industriels,
agriculteurs, commerçants, banquiers, employés, ouvriers, artistes, etc..., mais des intérêts ou, pour mieux
dire, des besoins de sécurité et de développement de
l'industrie, de l'agriculture, du commerce, du crédit, des
arts, etc.; en un mot, de tous les modes d'activité concourant à la vie nationale. D'où résulte, enfin, que les
mandataires du peuple doivent pouvoir être choisis, --
je ne dis pas soient choisis, ce serait trop exiger, mais
puissent l'être, --- parmi les personnes qualifiées pour
représenter ces intérêts, les seuls, je le répète, ayant
le caractère national.

Cela est tellement conforme au bon sens qu'il n'y a aucun doute que, tôt ou tard, après des épreuves plus ou moins longues et des déceptions plus ou moins sévères, toutes les nations civilisées en viendront à s'inspirer de ces vues; et celles qui continueront à vivre sous un régime de centralisation seront les premières à en sentir la nécessité.

Cherchons maintenant si nos procédés en matière d'élections ont un rapport quelconque avec la représentation des intérêts nationaux.

*
* *

Ici va apparaître une absurdité manifeste. Elle réside dans le fait d'avoir conservé la circonscription géographique comme base *exclusive* du système électoral.

En effet, quand l'évolution des idées conduisit la nation française, déjà pourvue de l'administration et de la législation napoléoniennes, fondées sur les principes de la centralisation et de l'omnipotence de l'Etat, à créer les premières institutions d'un régime parlementaire et constitutionnel, les industries et le commerce étaient encore peu développés, les questions économiques n'avaient guère d'importance et de précision qu'en

ce qui touchait aux finances publiques, à l'assiette et à
la perception des impôts. La lenteur, la rareté, la cherté
des moyens de transport et de communications de la
pensée, ne permettaient aux citoyens de se renseigner
et de se consulter entre eux qu'à de faibles distances;
l'esprit d'association d'intérêts qui gouverne aujour-
d'hui toutes les relations nationales et internationales
était à peine éveillé. Il était donc impossible de réaliser,
même de concevoir, le corps électoral divisé autrement
que par fractions du territoire, arbitrairement délimi-
tées. Au surplus, en ces époques lointaines, les élus
n'avaient pas à aborder et à résoudre des questions
purement techniques, d'une extrême complexité, néces-
sitant la connaissance et la pratique des affaires dans
les domaines les plus variés. L'intelligence, une culture
générale au-dessus de la moyenne, une réputation de
droiture et d'intégrité, jointes à quelque facilité de
parole, pouvaient suffire à ces mandataires. Ils repré-
sentaient des sentiments et des aspirations plutôt que
des intérêts.

En moins d'un siècle, cet état de choses a subi une
transformation créant des besoins tout nouveaux et
aussi de nouvelles facilités pour les satisfaire. Quoique
l'influence des sentiments populaires reste encore très

puissante, c'est sur une base d'intérêts économiques
que repose l'édifice social, parce que la recherche de
la satisfaction de besoins matériels absorbe presque
entièrement (en temps de paix) les activités des peuples.
L'organisation et la protection de ces intérêts constituent
aujourd'hui les devoirs principaux des gouvernements.
Cependant, le système électoral reste fondé *uniquement*
sur la subdivision administrative du territoire. Il ne tient
aucun compte de l'intérêt général, ne prévoit aucune
représentation des diverses catégories d'intérêts nationaux. Entre les électeurs n'existe d'autre lien que le
hasard du rapprochement de leurs résidences. Le résultat du scrutin n'a qu'une influence insignifiante, s'il en
a une, sur les intérêts industriels ou professionnels dont
chaque votant aura à subir les vicissitudes, selon qu'ils
seront défendus ou négligés par un Parlement. Dès lors,
l'électeur se trouve amené à ne considérer que le point
de vue sentimental, c'est-à-dire celui de la passion politique, ou bien il cherche quel avantage peut retirer de
l'élection le petit coin qu'il habite, à moins qu'il ne s'en
désintéresse complètement. Suivant un mot qui a fait
fortune, la circonscription électorale ainsi conçue, limi-
tée à un étroit périmètre, n'est plus qu'une « petite
mare stagnante ».

Grâce au fonctionnement de ce mécanisme, d'un
déconcertant illogisme, les votes se répartissent et s'éga-
rent sur des personnalités quelconques, dont le plus
grand nombre exploitent l'engouement momentané de
la majorité de la nation. Nous avons eu tour à tour
l'engouement pour la liberté ou pour la restriction du
travail, l'engouement pour les travaux publics, ou pour
l'enseignement officiel, pour ou contre la politique coloniale, pour ou contre Boulanger, pour ou contre Drey-
fus... Les engouements passent, mais les députés res-
tent. Pendant quatre ans, ces mandataires élus en une
heure d'excitation, par des foules grisées de mots, de
formules, de sophismes et de promesses, gouverneront
le pays.

⁂

Un Américain, qui connaît parfaitement la France,
M. Morton Fullerton, écrivait, à la veille de la guerre,
que la forme du scrutin s'opposant chez nous à l'édu-
cation de l'électeur, la majorité dans les Chambres
françaises est la moins « représentative » de toutes
celles qui existent dans les Parlements du monde civilisé, et qu'on aurait peine à imaginer un système de

gouvernement plus mal adapté à l'organisation d'une démocratie moderne. Il n'y a là ni parti pris, ni exagération. La Chambre tout entière n'a jamais représenté que moins de la moitié du corps électoral. Au nom de combien d'électeurs parle sa majorité? Trois millions tout au plus, dont un million de fonctionnaires, sur onze millions d'inscrits. Et dans cette majorité, combien compte-t-on d'hommes ayant acquis quelque notoriété dans la pratique de l'industrie, du commerce, de l'agriculture, de la banque, ou de l'administration? Moins d'un cinquième. Les autres peuvent être intelligents, éloquents, patriotes. J'admets volontiers qu'ils le soient. Mais les dons naturels et les bonnes intentions ne tiennent pas lieu de la compétence dans la direction des affaires.

De nos jours, là surtout où la puissance de l'Etat est en toutes directions prépondérante et intrusive, il n'est pas plus raisonnable de faire voter ensemble, pour choisir les hommes de gouvernement, des électeurs qui habitent dans le voisinage les uns des autres que de les grouper par âge, poids, taille ou nuance de cheveux. Le député des « cent kilogs » aurait autant d'autorité pour parler au nom du peuple français que celui de telle ou telle circonscription montagnarde où, sur

5.000 électeurs, dont un tiers n'ont pas pris la peine de voter, il aura pu obtenir 2.000 voix.

Supposez les circonscriptions élargies, la pression électorale supprimée, la sincérité et le secret du vote assurés. Joignez à ces réformes, s'il vous convient, le vote obligatoire et le suffrage des femmes, vous aurez amélioré la situation. Mais vous serez encore loin d'avoir créé la représentation des intérêts *nationaux* dans les Chambres, et vous n'aurez pas réalisé la collaboration nécessaire des pouvoirs publics à l'intérêt général du pays.

Il n'est qu'un moyen d'y parvenir, c'est d'organiser la représentation législative des catégories d'intérêts ayant une utilité nationale, par le vote de ceux qui sont, professionnellement, attachés à ces intérêts.

La seconde république s'est faite au nom de l'abaissement du cens et de l'adjonction des capacités au corps électoral. Elle est allée, d'un bond audacieux, jusqu'au suffrage universel. Il n'y a pas à revenir sur cette concession faite au sentiment populaire. Mais le suffrage universel ne représente ni les volontés, ni les intérêts du pays, s'il n'est qu'une balance arithmétique d'impulsions individuelles abandonnées aux hasards des circonstances et à l'habileté des courtiers électoraux.

⁎

Je vais expliquer maintenant comment la représentation législative des catégories d'intérêts ayant une utilité *nationale* est liée au rétablissement des rapports
nouveaux entre les employeurs et les employés. J'in-
diquerai ensuite de quelle manière, en s'appuyant sur
une base de tout repos, l'intérêt personnel, on pourra
aborder le problème de la représentation des intérêts
nationaux et de la pacification dans le monde industriel,
qui sont les deux faces d'une même question.

Je m'excuse d'avoir à exposer quelques idées générales avant d'arriver à des précisions. Mais celles-ci
ne seraient que de fantaisistes suggestions si je n'in-
diquais sur quoi elles se fondent.

Les forces économiques d'un pays, quelles que soient
ses ressources naturelles, sont mises en œuvre par trois
organismes : L'industrie (organisme de production), le
commerce (organisme de distribution) et la finance
(organisme d'accélération). La collaboration de ces trois
éléments, — très imparfaite, presque nulle, en France,
— à laquelle, de nos jours, doit se joindre la collaboration de la science (organisme de préparation) avec
l'industrie, — est une condition essentielle de succès.

Nous avons eu le tort de considérer ces organismes isolément, et aussi celui, plus grave, de ne pas discerner auquel des trois appartient la prépondérance. Je dis « nous » et non l'Etat. Celui-ci, construit sur une base mal équilibrée, est incapable, malgré l'extension démesurée de ses attributions, de contribuer au développement de la richesse nationale. En fait, il n'a pu qu'en dissiper une partie en l'employant à d'empiriques tentatives. Mais il eût été impuissant aussi à empêcher les intéressés (en d'autres termes, la nation) de se concerter et s'organiser, s'ils l'eussent voulu. Cette résolution nous a manqué.

Les Français n'ont pas essayé d'organiser leur commerce, ni à l'intérieur, ni à l'extérieur. La guerre nous a appris ce que coûte le parasitisme des intermédiaires inutiles ou improvisés, la tutelle d'une administration tracassière, et à l'étranger l'absence de points d'appui nationaux. Quant à nos industries, sans autre secours que celui de l'illusoire et débilitante protection douanière, elles ont usé leurs énergies dans la concurrence à l'intérieur et les stériles disputes entre employeurs et employés.

En même temps, l'organisme financier prenait un rôle dominant. On l'a cru investi de la toute-puisance dans l'ordre économique. Livrée à elle-même, faute d'avoir été retenue par l'opinion publique ou le Parlement, elle s'est écartée du commerce et de l'industrie. Elle a conclu des alliances antinationales; et quand est survenue la guerre, elle était, suivant la rude expression populaire, fort « embochée ». La finance, cependant, n'est pas un pouvoir créateur. Elle est l'engrais des forces productrices. On ne va porter l'engrais sur la terre du voisin que si on en possède plus qu'on n'en peut utiliser. Ce n'était pas notre cas hier. Encore moins le sera-ce demain.

En somme, nous avions une très courte vue de ce qu'est la richesse d'un pays. Nous n'avons tenu compte que de la richesse cotée, plus ou moins aisément réalisable. Le capital outillage national, le capital valeur technique, le capital forces naturelles, en un mot le capital productif, ont été négligés. Notre bilan était faux.

Le commerce, mécanisme de distribution, n'est pas non plus un pouvoir créateur. Le marchand, organe des besoins, des goûts et des habitudes de sa clientèle, maintient la permanence du courant des exportations, et les produits qui réclament son intermédiaire sont infiniment variés. Néanmoins, si précieux que soit son

concours, reconnaissons que le seul agent créateur de
richesse, celui dont l'intérêt est lié à l'intérêt général
du pays plus étroitement que tout autre, c'est l'industrie, ou mieux l'ensemble des industries, et en première ligne des industries d'exportation.

En présence d'industries prospères, les organisations
commerciales, les combinaisons du crédit se créeraient
d'elles-mêmes. En l'absence d'une forte activité productrice, ces organisations et ces combinaisons ne se
formeraient pas; ou bien, comme on l'a vu en France,
iraient chercher au dehors les éléments de vitalité indispensables à leur fonctionnement.

Le problème du relèvement de la fortune française
se résume donc en l'organisation aussi parfaite et intelligente que possible des industries nationales, avec l'assistance du commerce et de la banque s'adaptant aux
besoins de ces industries pour accompagner et soutenir
les progrès de leur production.

Et me voici revenu à la question initiale, celle de l'introduction des compétences dans le Parlement; car l'organisation des industries, - - indépendamment des tech-
nicités spéciales à chacune d'elles, — c'est l'organisation du travail, et il n'y a nul espoir qu'un Parlement
soit représentatif des intérêts nationaux, c'est-à-dire

formé en majorité de personnes capables de légiférer à leur sujet, autant que le travail national sera dans l'état anarchique où nous le voyons aujourd'hui en France.

Les récriminations sont vaines. Constatons les faits. Prenons la situation telle qu'elle est, dans sa lamentable absurdité : une lutte permanente et générale, tantôt sourde, tantôt violente, entre salariants et salariés, se battant « sur le dos » de la nation. Si elle devait continuer, rien, pas même la plus complète et décisive victoire de nos armes, ne nous préserverait d'une déchéance qui, de l'appauvrissement croissant, par la perte des marchés étrangers, conduirait aux désordres intérieurs, et de là à une banqueroute financière et politique.

Or, elle continuera, à moins que cesse l'état de désorganisation du travail; parce que, sans le soutien des collaborations d'intérêts, le suffrage universel, abandonné aux agitations de la politique, sera toujours à la merci des politiciens professionnels, corporation d'élite. je le veux bien, mais qui en est encore à faire la preuve de l'utilité de ses services.

Est-il possible de mettre un terme à la guerre civile économique? Je n'en doute pas, pourvu qu'on renonce à la chimère de réaliser l'accord perpétuel et parfait des volontés entre tous les citoyens. Quelques idéologues ont proposé de supprimer les querelles d'intérêts en supprimant les intérêts, c'est-à-dire la propriété. Depuis bientôt un siècle, nous discutons cette calembredaine. Il est temps de passer à des occupations plus sérieuses, et la plus sérieuse de toutes consiste à substituer, dans la production de la richesse, la coopération des efforts à leur antagonisme.

Jusqu'à présent, l'antagonisme a été en faveur. Du jour où le « travailleur » a cru s'apercevoir que le capital était son ennemi, le législateur, pour se rendre populaire, a adopté cette conception ingénue. Il s'est appliqué à égaliser les chances des deux adversaires, et les a laissés se gourmer à loisir. Le résultat fut celui de toutes les guerres : des invalides et des ruines. D'un côté, on disait : « Pour le salaire qu'on me donne, je fournirai le moins de travail possible. » De l'autre : « Pour le travail qu'on me fournit, je paierai le moindre salaire possible. » Juste le contraire de ce que commandaient l'intérêt des ouvriers, celui des patrons, et celui de la nation.

L'ouvrier sait bien qu'il faut au capital une rémunération, puisque sans bénéfices, toute industrie s'arrête, et disparaissent les salaires. L'erreur dont procèdent les insanités qu'il appelle revendications, erreur encouragée par les exploiteurs de son ignorance, consiste à s'imaginer que son salaire est pris sur les bénéfices de son employeur. Le patron, ou la compagnie, garde, dit-il, la grosse part, et laisse au salarié à peine de quoi vivre. C'est abominable.

Vérifions. J'emprunte à Lysis (1), en le résumant, un calcul établi sur des données raisonnables. Une société industrielle est fondée au capital de un million. Les deux tiers de ce capital sont convertis en installations dont les frais représentent, pour plus de moitié, des salaires payés à des ouvriers français. L'usine marche. Elle fait 2 millions d'affaires, dont 35 0/0, chiffre moyen, soit 700.000 francs, sont distribués en salaires à son personnel, 11 0/0 en bénéfices (s'il y en a) au capital et en amortissement; 54 0/0, — en chiffre rond, un million — sont répartis en achats de matières, frais de transports, etc... Une forte moitié de ces dernières dépenses se ramène à des salaires payés à d'autres entreprises, et qui n'auraient pas été payés si la société en question ne s'était pas constituée. Cela fait 500.000 francs à ajouter aux 700.000 payés aux ouvriers de

---

(1) *Vers la Démocratie nouvelle*. Payot et Cⁱᵉ, Paris, 1917.

l'usine. Par conséquent, la classe des salariés reçoit plus de 100 0/0, par an, du capital immobilisé dans une industrie fonctionnant normalement sur le territoire national. Je néglige les autres répercussions.

En résumé, à part le matériel et les produits achetés à l'étranger, la *presque totalité* de la valeur de la production d'une industrie est convertie en salaires payés, soit aux ouvriers qu'elle emploie, soit à ceux qu'emploient les industries fournissant les matières et l'outillage dont elle a besoin. Telle est l'incontestable, et pourtant obstinément contestée, vérité sur la rémunération du travail industriel.

Il en résulte que l'intérêt personnel de chaque salarié et l'intérêt personnel de chaque patron, actionnaire ou commanditaire, se confondent en un même intérêt, celui de l'ascension du chiffre d'affaires dans l'industrie particulière à laquelle les uns et les autres apportent le concours de leurs forces, de leur intelligence, ou de leur confiance.

⁂

L'ouvrier français est capable de comprendre ces simples vérités. S'il les écarte, c'est qu'il n'est pas préparé à les recevoir. Ce serait surprenant qu'il le fût.

Electeur, éligible, il exerce dans leur plénitude ses droits
de citoyen. Mais dans un certain domaine, sous aucune
forme, par aucun moyen, sa voix ne peut se faire entendre, si ce n'est en ce qui touche les conditions matérielles de sa vie. Hors du cercle de ses besoins, il est
supposé n'avoir ni intérêt, ni discernement. Ce domaine
est le seul, pourtant, où il lui serait permis de prétendre à quelque compétence. C'est celui de l'industrie à
laquelle il appartient. La loi l'autorise, en union avec
ses camarades, à en gêner ou interrompre le fonctionnement, en des circonstances exceptionnelles dont il est
juge. Elle n'a pas prévu les circonstances normales, qui
sont celles de l'entente entre l'ouvrier et son industrie, pour la défense de leurs intérêts communs. De
telle sorte que ces deux associés ne se connaissent que
par leurs réciproques exigences.

Croit-on que notre classe ouvrière, dont les syndicats, d'après leurs propres statistiques, représentent à
peine la huitième partie, s'accommode de cette situation
paradoxale? Cela est invraisemblable; et voici pourquoi.

L'ouvrier français ne suit pas dans leur détail toutes
les transformations des industries modernes, ni leurs
créations nouvelles, ni leurs perfectionnements qui se

succèdent, — surtout ailleurs, — avec une si étonnante
rapidité. Cependant, il a conscience de cette évolution,
et par cela même il prend conscience des changements
que l'avenir lui doit apporter. Il devine que, par l'emploi croissant des machines et leur complication, son
rôle sera de plus en plus celui de conducteur, de sur-
veillant. Ses responsabilités grandissent ; et, sans même
sortir du cadre de sa spécialité, il faut que ses connaissances pratiques, souvent même théoriques, s'éten-
dent. Son coup d'œil, son adresse, son expérience, ac-
quièrent plus de valeur, parce qu'une plus grande
valeur de production est créée par le travail d'un seul
individu. C'est le travail automatique et le travail de
force accaparés par la machine ; le travail intelligent,
la direction des appareils, réservés à l'homme. L'ouvrier
français est assez observateur pour que ces importantes
modifications ne lui échappent pas. S'il reste encore
étranger à la conception d'une communauté d'intérêts
entre lui et son industrie, — ce dont je ne suis pas
certain, — il se demande pourquoi il ne serait pas
appelé à prendre connaissance de ces autres intérêts
qu'on lui dit être liés aux siens. Il attend cet appel, il
l'espère. J'oserai dire qu'il le réclamera, malgré la pression socialiste qui veut le rejeter en sens contraire.

Quoi qu'il en soit, l'industrie moderne, par une irrésistible évolution, devient une hiérarchie de fonctions
et de capacités spéciales, gouvernée par l'esprit de
coopération, lequel impose son autorité, non plus seulement dans chaque usine, chantier ou manufacture, mais
dans le cercle entier de l'exploitation de chaque industrie. La concurrence intérieure tend à s'effacer devant
la concurrence internationale, et celle-ci partout réclame
l'élévation du niveau des capacités productrices de la
main-d'œuvre. Ainsi, chaque industrie, considérée *dans
son ensemble*, constitue un intérêt national; et la
coopération dans chaque industrie de toutes les activités
concourant à la production est une nécessité impérieuse.

Il reste à voir comment l'ouvrier, jusqu'à présent
traité en unité passive, peut devenir unité active dans
cette coopération.

Le problème a été approché, mais en vain, parce
que les suggestions dont il a été l'objet n'ont pas été
inspirées par l'étude des conditions de développement
de chaque industrie. Dans certaines entreprises, on a
tenté de donner aux représentants des ouvriers une

part de la direction. Celle-ci n'étant pas de leur compétence, ils se sont contentés du modeste rôle de porteurs
de réclamations. En même temps, les syndicats professionnels se groupaient en fédérations, générales ou
régionales. Mais l'opinion des ouvriers d'une industrie
sur les intérêts d'une autre industrie n'ayant qu'une
valeur sentimentale, ces grands Conseils du travail ont
versé dans la politique, où la majorité des travailleurs
ne les a pas suivis, et s'y sont embourbés. Personne
n'y a rien gagné. La majeure partie de la population
française laborieuse n'avait, avant la guerre, que des
salaires très insuffisants et des conditions de travail
médiocres, tandis que nos industries se voyaient distan-
cées, et de loin, par celles des pays où les ouvriers,
tout en défendant leurs intérêts, s'abstiennent d'entra-
ver la marche et les perfectionnements de la production.

Cependant, la coopération est réalisable. S'il est vrai
que les ouvriers attachés à une usine sont incapables
de la diriger, que la classe ouvrière est incapable
d'avoir des vues d'ensemble sur l'avenir des industries
françaises, il est également vrai que les spécialistes
d'une industrie *déterminée* sont très capables, et le
seront de plus en plus, de rendre des services dans

l'examen des améliorations que comporte le fonctionnement de cette industrie.

Par l'organe de mandataires intelligents, expérimentés — et l'on n'en manquerait pas — les ouvriers seraient à même de donner, en ce qui touche les questions de matériel, la conduite, l'entretien et le rendement des machines, les essais des nouveaux types, l'économie et la conservation des matières, la répartition du travail, même sa rémunération et les conditions dans lesquelles il s'exécute, des indications et des conseils excellents.

D'où cette conclusion que chaque industrie doit être organisée en *un seul corps* représentatif de ses intérêts, formé par l'association *volontaire* de ses membres, établissant un contact *permanent* entre ceux dont le rôle est de direction et ceux dont le rôle est d'exécution. Les comités directeurs de ces associations, élus par le suffrage de tous les intéressés, pourraient être composés de représentants, en nombre égal, de la main-d'œuvre spécialisée et des ingénieurs, d'une part, des directeurs (ou administrateurs) et des actionnaires (ou commanditaires) d'entreprises, de l'autre.

Comment ces nouveaux organes, exclusivement professionnels, arriveraient-ils à exercer une influence bienfaisante sur la marche des industries? Leur unique objet étant de centraliser toutes les informations, de se tenir au courant de tous les mouvements, perfectionnements, tentatives et expériences, intéressant l'industrie que chacune d'elles représente, tant au point de vue technique qu'au point de vue commercial, et de favoriser les travaux scientifiques qui s'y rattachent, ces associations ne seraient investies d'aucune autorité. Mais, — et ceci est le point capital, — chaque industrie étant considérée comme *intérêt national,* l'organisme de son perfectionnement, institué par elle-même, devra avoir un caractère officiel. Reconnue, approuvée par l'Etat, subventionnée, et généreusement, sous la forme d'experts spécialistes, payés par lui, choisis par elle, — même au besoin sous d'autres formes (1), — chacune de ces associations fonctionnerait sous le contrôle d'un Département sans caractère politique, exclusivement composé de personnes possédant la spécialité des questions commerciales, industrielles et financières.

L'élément politique étant éliminé de la constitution de ces conseils d'industries, on peut s'en rapporter à la

---

(1) Telles que créations de laboratoires, concessions de champs d'expériences, missions en pays étrangers, etc.

clairvoyance des intérêts pour le choix des membres chargés de diriger leurs travaux. Les ouvriers, pas plus que les patrons, ne donneront leurs votes à des agités hors d'état de prendre part à des études et des discussions conduites par des hommes compétents. Ils choisiraient ceux d'entre eux qui, par leurs connaissances et leur expérience, sont à même de se faire écouter. Ceux-ci, soustraits aux excitations des disputes locales, transportés dans un milieu où ne se manifestent que des activités utiles, découvriront peu à peu les répercussions des faits économiques et scientifiques sur l'économie des exploitations. Quand les ouvriers auront pu apprécier les difficultés contre lesquelles luttent les industries, ils seront moins enclins à leur en créer d'autres. Les questions de salaires et de conditions du travail ne se poseront plus sous la forme d'*ultimatums,* mais sous celle de problèmes à résoudre dans un esprit de respect de la communauté d'intérêts, reconnue inséparable de l'existence même de toute industrie.

Le contact permanent entre les représentants des employeurs et ceux des employés aura en outre pour effet de mettre en évidence les causes de conflits éventuels. Avant que les décisions patronales ou les demandes des ouvriers se soient heurtées quelque part à une résistance formelle, et par suite à une menace de grève, le litige aura pu être *prévu,* ses éléments examinés impartialement et sous leurs diverses faces, des solutions transactionnelles auront pu être proposées, puis discutées, enfin acceptées par les ouvriers, sans interruption, ni même risque immédiat d'interruption, du travail.

Ne nous berçons pas de l'espoir qu'une semblable organisation des industries nationales, ni aucune autre, supprime les conflits industriels. Mais il est certain qu'elle en ferait disparaître le plus grand nombre, tout en donnant à la production une impulsion vigoureuse. Peu de personnes se font une idée des résultats que celle-ci pourrait atteindre. Il n'y a point d'exagération à affirmer que la valeur de la production en France, — supposant que le traité de paix nous accorde de justes satisfactions et de solides garanties de sécurité, — peut en quelques années être porté au double de ce qu'elle était avant la guerre. La condition, à mon avis indispensable, d'un si puissant essor est l'application loyale du principe « représentatif » à l'organisation du travail, ainsi qu'au perfectionnement des méthodes et procédés de production, *dans chaque industrie* considérée en bloc comme un *intérêt national* de première importance.

V

DE LA REPRÉSENTATION DES INTÉRÊTS NATIONAUX DANS LES CHAMBRES LÉGISLATIVES.

Et puis après? Admettons que ces Conseils représentatifs de chaque industrie fonctionnent normalement, qu'ils poursuivent avec intelligence la recherche
des perfectionnements destinés à accroître et à améliorer la production, qu'ils préviennent un grand nombre
des conflits qui auraient pu naître entre les employeurs
et les employés, et trouvent des solutions satisfaisantes
pour faire cesser ceux qu'ils n'auraient pu prévenir.
On aurait réalisé une œuvre excellente. Mais ce ne sont
là que des espoirs et des hypothèses. Le mécanisme
électoral et constitutionnel donnerait les mêmes résultats médiocres; le suffrage universel, tel que nous le
pratiquons, n'enverrait pas siéger dans les Chambres
une plus forte proportion d'individus compétents. La

Politique, — ce que nous appelons la Politique, —
continuerait à subordonner les intérêts des industries,
et les autres intérêts nationaux, aux considérations de
partis ou de personnes qui, si souvent, dictent les décisions du Parlement, et plus souvent encore paralysent
le travail législatif utile. De quel poids pèseraient les
vœux, les suggestions, même les protestations, de ces
corps consultatifs, en présence des caprices ou des
obstinations parlementaires ?

Les majorités ordonnent, l'exécutif signe, et les don-
neurs d'avis n'ont qu'à s'incliner. C'est la loi suprême.
Trouverait-on des hommes de haute expérience, la plupart déjà chargés de responsabilités dans les affaires
dont ils s'occupent, pour jouer ce rôle de conseillers
qu'on écoute ou qu'on n'écoute pas, suivant que leur
conseil plaît ou déplaît ? La majorité des ouvriers s'in-
téresserait-elle vivement aux élections de mandataires
ne disposant d'aucun pouvoir pour exercer leurs man-
dats ? Vraisemblablement, non. Par conséquent, ce n'est
pas la peine d'ajouter de nouveaux Conseils ou Comités
à ceux qui existent déjà.

Je n'entreprendrai pas de réfuter ces objections.
Elles sont irréfutables. Les associations de « perfectionnement des industries », même favorisées, même

subventionnées, par l'Etat, ne réuniraient qu'une minime fraction du personnel dans le monde du travail, et ne trouveraient qu'avec peine des hommes de valeur pour former leurs Conseils, si elles n'étaient rien de plus que ce que je viens de dire. Mais elles peuvent être quelque chose de plus. Elles peuvent, — j'ajoute : elles doivent, — être des corps électoraux, car leurs élus représenteraient des intérêts nationaux et non des préférences personnelles fondées sur de vagues impressions. Leurs votes introduiraient dans les Assemblées les compétences industrielles qui y sont en trop petit nombre pour se faire écouter. Il est certain aussi que ces associations grouperaient alors aisément la majorité des personnes appartenant à un titre quelconque aux industries, et n'auraient qu'à choisir entre des candidats capables d'en exposer et défendre les intérêts.

Cette proposition, — le lecteur l'a sans doute deviné, — n'a pas pour objet de créer en faveur des industries et de leur personnel une sorte de privilège politique. Elle n'est, en effet, qu'une partie d'un plan de représentation des intérêts généraux du pays dans le gouvernement. Si ceux des industries, — c'est-à-dire de la « production », — ont été considérés d'abord, c'est parce qu'ils sont les plus importants à tous égards; mais aussi parce que leur représentation implique une organisation préalable de leur stabilité, comprenant, sauf abstention volontaire, tous les éléments qui concourent à la production.

L'idée directrice de ce plan est la substitution, non totale, mais réalisée dans une large mesure, de circonscriptions d'intérêts communs aux circonscriptions électorales géographiques actuelles.

Le système de délimitation administrative des circonscriptions nous a donné d'abord le gouvernement disputé entre deux partis, occupant le pouvoir à tour de rôle. Tandis que l'un s'appliquait à conserver sa majorité dans les Chambres, l'autre s'efforçait de la lui enlever. Tôt ou tard, il y réussissait, et prenant alors la place du premier, détruisait autant que possible le travail de celui-ci, ou superposait à une législation conçue dans un certain esprit une autre législation inspirée d'un esprit contraire. C'était l'idéal du régime. On s'en est écarté, et ce n'est peut-être pas un grand malheur. La division en deux partis n'existe plus. Elle a fait place à la division en groupes, lesquels se rapprochent ou s'éloignent les uns des autres, au gré des circonstances. L'instabilité ministérielle est fille de cette mobilité. Ses inconvénients sont compensés par l'obstruction parlementaire, à laquelle nous devons une bonne part de notre tranquillité relative (en temps de paix), et par l'espoir, qui « berce un temps notre ennui », d'être pourvus, du jour au lendemain, d'un gouvernement meilleur.

Cependant, la division en groupes, aussi bien que la division en deux parties, n'ont pas assuré la bonne marche des affaires, et n'ont donné que des résultats à peu près stériles. Ce n'est pas du fait même de ces divisions qui sont, en principe, nécessaires, mais parce que notre système électoral leur impose d'être artificielles. Ni les partis, ni les groupes parlementaires ne correspondent à des réalités agissantes, à des intérêts définis, consistants, nationaux.

Le système est à changer; et jamais peut-être l'heure ne sera plus favorable à cette rénovation. Mais il faut se libérer des conceptions absolues. L'infaillibilité du principe électif en est une. L'élection des détenteurs de la puissance politique s'offre comme le meilleur moyen d'échapper au despotisme, bien qu'il n'en garantisse pas avec certitude. Par ailleurs, c'est un mode de sélection

fort défectueux, car la sûreté du jugement, l'art d'apprécier les caractères, les mérites et l'intelligence ne sont
pas l'apanage des majorités. En tous pays, l'extension
du suffrage a précédé, et précède encore, la capacité
au suffrage; et c'est pourquoi la puissance des mots,
des formules séduisantes, de la flatterie et des promesses, joue un si grand rôle en période électorale.

Pour que la collectivité soit un bon juge de la compétence, il faut qu'elle soit une collectivité spéciale,
invitée à choisir parmi les compétences de sa spécialité,
et que ses membres aient intérêt à faire de bons choix.
Ces conditions n'assurent pas une sélection de capacités,
car l'électeur n'a pas toujours la juste perception de
son intérêt, mais elles sont nécessaires. Toutes les fois
qu'elles seront remplies, on obtiendra des résultats
meilleurs que quand elles ne le seront pas.

D'autre part, les députés élus d'une collectivité spéciale ne bénéficieraient plus de l'irresponsabilité presque
totale dont jouissent, dès le lendemain de l'élection,
ceux qui ont été désignés par le suffrage de foules
hétérogènes. Ce point est de première importance. Un
député d'arrondissement ne peut, dans l'exercice de ses
fonctions, c'est-à-dire par ses discours et ses votes,
rien, ou presque rien, en faveur de son arrondissement.

Les Chambres légifèrent, sauf exceptions (questions de ports, de chemins de fer départementaux, d'emprunts locaux, etc.) pour le pays entier, ou au sujet d'intérêts généraux répartis sur tout le territoire. Les députés, désireux de servir les intérêts de leurs circonscriptions ou de leurs clientèles, doivent agir en dehors du Parlement, par voie de sollicitations ou de démarches, lesquelles, soit dit en passant, sont, en principe, incorrectes.

L'élu (ou les élus) d'une collectivité spéciale, celui, par exemple, de l'industrie de la chaussure, de la rubanerie ou de l'horlogerie, n'aura pas moins d'autorité que tout autre de ses collègues, spécialiste ou non, pour voter sur des questions de finance ou de législation civile ; mais, dès qu'un projet touchera, même indirectement, aux intérêts de l'industrie qu'il représente, l'attention de tous les intéressés le suivra. Ses chances de réélection auront pour mesure la valeur des services que son intervention parlementaire aura rendus, tout au moins tenté de rendre, à cette industrie.

⁂

Le même principe est applicable à la représentation

des intérêts nationaux autres que ceux de la production,
en y comprenant, divisés en catégories, tous les intérêts
professionnels et les intérêts régionaux. Mais cette
application ne réclame pas, comme pour les industries,
la création d'organismes officiels, protégés et subventionnés par l'Etat. Le personnel des banques, par exemple, représentant la finance privée, peut n'être pas
constitué en une Association générale, pourvue d'un
Conseil directeur. Il suffit que des listes électorales
spéciales soient dressées, comprenant ceux des membres de ce personnel désireux de voter dans la circonscription « financière ». Le même procédé peut servir
aux élections dans toutes les professions, commerciales
ou libérales, ainsi qu'aux fonctionnaires de tout ordre.

Cependant, la France n'est pas, à l'égal des Etats-
Unis, un pays où l'homme qui vit des revenus de ses
biens, sans se livrer à aucun travail utile à la collectivité, est une exception, même une exception assez mal
vue. Il y a chez nous des oisifs, vivant, comme on dit,
de leurs rentes. Il y a aussi ceux qui, ayant passé l'âge
de l'activité, ont cessé d'être des professionnels, etc.
C'est ici qu'intervient l'intérêt régional, intérêt très
complexe, pourtant *national*, parce que la région, ---
c'est-à-dire la « province économique », --- possède des

éléments de vitalité propre qui doivent pouvoir se coordonner entre eux et qu'il est utile de protéger. On peut
tracer en France une vingtaine de circonscriptions
économiques embrassant la totalité du territoire. Dans
ces circonscriptions, auxquelles une partie des sièges
de la Chambre serait réservée, voteraient tous les électeurs qui ne pourraient ou ne voudraient pas figurer
sur une liste professionnelle. Il va sans dire qu'à titre
régional ou à titre professionnel, chaque électeur ne
pourrait figurer que sur une seule liste et n'aurait droit
qu'à un seul vote.

Une organisation de ce genre devrait respecter absolument la liberté électorale du citoyen. De même que
nul industriel ni ouvrier ne serait tenu de faire partie
de l'Association de perfectionnement de son industrie,
nul professionnel ne serait tenu de se faire inscrire sur
les listes électorales de sa profession, s'il préfère voter
comme électeur régional. Mais les règles jusqu'à présent
en vigueur resteraient appliquées dans le même esprit;
c'est-à-dire que les électeurs inscrits sur la liste (de
leur choix) professionnelle ou régionale devraient voter,
selon le cas, pour les candidats de leur circonscription,
professionnelle ou régionale.

De la sorte, dira-t-on, il faudra voter pour des gens

qu'on n'aura jamais vus. En effet; mais, sous le régime
actuel, il n'y a pas un dixième des électeurs qui aient
vu (et combien de fois?) les candidats entre lesquels
ils ont choisi. En fait, les électeurs de la même profession auront presque tous une tendance à voter ensemble, et par suite, à voter pour un des leurs. Ainsi,
s'introduiront nécessairement les compétences. Au point
de vue « politique », les choix seront peut-être mauvais, comme aussi ils pourront être excellents. En tout
cas, ils porteront sur des individualités vraiment *représentatives* des intérêts qui leur auront été confiés.

Les ouvriers, dira-t-on encore, voteront pour des
ouvriers, et les votes des directeurs d'industrie, des
ingénieurs, du personnel instruit, seront noyés. Ce n'est
pas certain. D'abord parce que la proportion du nombre
d'ouvriers au nombre des patrons est bien loin d'être
aussi forte qu'on le croit. Dans la répartition de la
population active en France, les ouvriers comptent pour
39 0/0, les chefs d'établissement 31 0/0, les travailleurs
isolés (les uns chefs d'industrie, les autres salariés, parfois l'un et l'autre) 21 0/0, les employés 8 0/0, et les
ouvriers ou employés en chômage 1 0/0 (1). La pro-

---

(1) Statistique du recensement du 4 mars 1906, publiée en
novembre 1910.

portion du nombre des ouvriers au nombre des patrons
tend à décroître plutôt qu'à augmenter. C'est seulement
dans les industries des mines et de la métallurgie
(276.000 personnes sur une population active de 21 millions de travailleurs) que la proportion des ouvriers
aux non-ouvriers et aux chefs d'industrie est très considérable. On préférerait voir, dans ces grandes entreprises, les ouvriers voter pour des ouvriers que pour
des personnalités étrangères à la vie industrielle, par
cela même incapables de prendre part à des discussions
sérieuses sur les questions spéciales intéressant leurs
électeurs. Je crois que les associations industrielles
choisiraient des hommes instruits, connaissant bien les
détails des exploitations, ayant des vues larges et démocratiques, plutôt que des « camarades » familiarisés
seulement avec certaines pratiques du métier. Même
dans ce dernier cas, les élus seraient probablement pris
parmi les plus intelligents et posséderaient au moins
quelque expérience technique.

Mais ce qui surtout permet d'espérer que, dans leur
ensemble, les suffrages des professionnels iraient à des
hommes qualifiés pour représenter les intérêts des industries et des professions, c'est le fait que le système
transformerait la mentalité « politicienne » de nos

assemblées en une mentalité « progressiste », au sens
positif de ce mot. La notion du bien public, non seulement y pénétrerait, mais ne tarderait pas à y dominer.
La représentation *réelle* des intérêts de l'électeur, en
ce qui tient la plus grande place dans sa vie, sa profession, deviendrait pour lui un besoin. Dès lors, la valeur
utilisable des candidats serait examinée avec beaucoup
plus de soin. On voudrait contrôler leurs « états de
service », sans s'en rapporter aveuglément aux allé-
gations de leurs amis ou de leurs ennemis. Sous la
pression des intéressés, le mouvement des « campa-
gnes » électorales pourrait bien changer de direction;
les comités électoraux devenant des agents, non plus
des candidats, mais des électeurs, plus anxieux de découvrir le meilleur candidat, d'obtenir son acceptation,
et de le faire élire, que celui-ci d'assurer le succès de
sa candidature. Quoi qu'il en soit, le problème de
l'introduction des compétences dans le gouvernement
serait résolu, et certainement il ne peut l'être que par
une modification du système électoral inspirée de ces
considérations générales.

⁂

Je vais maintenant à la rencontre de quelques objections. Il en est une, toute dogmatique, fondée sur le principe de la nécessité d'un recrutement identique pour tous les représentants du peuple. Or, cet égalitarisme, que nos théoriciens s'obstinent à confondre avec l'égalité, n'est nullement un principe. C'est une manière de voir, touchant une question de forme, une opinion, discutable comme toutes les opinions. Je dirai seulement qu'on a mauvaise grâce à se réclamer de la règle intangible d'égalité quand on supporte depuis près d'un demi-siècle une Constitution qui nous donne des députés dont les uns représentent des arrondissements de 15.000 habitants et les autres des circonscriptions de plus de 80.000 âmes.

En pareille matière, l'intérêt national seul doit dicter la loi. Une industrie ou un commerce étant un organisme aussi vivant, même beaucoup plus vivant et plus « conscient » de ses intérêts qu'un arrondissement, aucune raison de principe ne peut être opposée à ce qu'il y ait dans les Chambres législatives des représentants des industries et du commerce.

Cette représentation n'exige pas, théoriquement, que les électeurs soient autorisés à voter par correspondance. Cependant, il paraîtrait sans doute nécessaire, au point de vue pratique, d'admettre ce mode de votation pour l'élection des députés des industries, commerces et professions.

Les adversaires du vote par correspondance lui reprochent de mettre en péril la sincérité de l'élection. Les précautions légales, a-t-on dit, seront tournées, des substitutions de bulletins pourront se produire, et l'authenticité des signatures sera difficile à contrôler. Cela pourra bien arriver quelquefois. Mais le vote « personnel », n'offre guère plus de garanties. Il n'est même pas prouvé qu'il en offre autant. Les notables qui ont siégé comme présidents ou assesseurs dans les bureaux d'élections le savent bien. Combien d'entre elles seraient en état, au moins pour une considérable proportion, d'affirmer l'identité des électeurs qui ont défilé sous leurs yeux, aux jours de vote? Il n'y a qu'un moyen de réduire au *minimum* les fraudes électorales, c'est d'édicter contre elles et de *leur appliquer,* ce qu'on n'a jamais fait, des pénalités sévères.

L'organisation du vote par correspondance ne présente pas de grandes difficultés, puisqu'elle existe déjà en divers pays, notamment en Amérique. En France, elle figurait dans la proposition de loi, adoptée en 1907 par la Chambre des Députés, relative à l'élection des membres des tribunaux et Chambres de commerce.

Beaucoup d'associations ont adopté ce système et s'en sont bien trouvées. C'est le seul procédé qui permette aux gens retenus par leurs affaires ou toute autre cause d'exercer leurs droits d'électeur. D'autre part, en bien des circonstances, le vote par correspondance sera plus réfléchi, étant soustrait aux pressions qui se manifestent dans l'atmosphère d'agitation créée par les agents et les comités électoraux. N'oublions pas enfin que, dans les élections de caractère professionnel, la passion politique trouvera un terrain moins favorable à exploiter les excitations malsaines jusqu'au point de violer délibérément la loi.

La répartition des sièges dans les deux assemblées (car il en faudra toujours deux) entre les représentations des intérêts régionaux, des intérêts de la production et des intérêts professionnels, réclamera un examen attentif et, surtout, impartial. S'il est entendu, de bonne foi et sans réserve, que l'intérêt du pays doit servir de base *unique* à cette répartition, elle sera moins difficile à faire qu'il ne semble au premier abord. Il en sera de même pour la délimitation des régions, qui resterait le seul vestige de la circonscription géographique.

Ne présentant ici que des idées générales, je me borne à rappeler que ni le nombre des intéressés, ni la contribution au budget national, ni le chiffre d'affaires indiquant la puissance économique de chaque industrie, ne peuvent être pris comme représentatifs de l'importance des intérêts. Celle-ci ne peut résulter que d'une judicieuse appréciation de l'ensemble de ces données. De plus, en ce qui concerne les professions libérales, l'utilité de leur rôle ne saurait se mesurer à la lumière des statistiques. Le travail de répartition devra donc être préparé par des hommes ayant des vues larges et désintéressées, considérant les chiffres comme le point de départ et le bien public comme le point d'arrivée. Ce travail, fût-il excellent, ne manquera pas d'être vivement critiqué. L'expérience fera connaître la valeur des critiques et, s'il y a lieu, la nécessité des retouches.

Mais, que cette œuvre soit parfaite ou médiocre, un résultat d'une incalculable portée aura été acquis : la France se sera évadée de l'empirisme, et ses intérêts généraux, enfin représentés dans son gouvernement, prendront dans la politique du pays, tant à l'intérieur qu'au dehors, la place qui leur appartient, la première.

TABLE DES MATIÈRES

Imprimerie E. Durand 18, rue Séguier, Paris

BIARD D'AUNET

APRÈS LA GUERRE :
POUR
REMETTRE DE L'ORDRE
DANS LA MAISON

Préface de M. Étienne LAMY, de l'Académie française

In-16 .... 4 fr.

Ouvrage couronné par l'Académie des Sciences
Morales et Politiques

M. Biard d'Aunet a vu de près les choses lointaines qu'il nous faut mettre à portée de notre regard; nul ne nous y aide mieux parce que nul n'a plus de sûreté dans les informations, de justesse dans l'esprit et de clarté dans le style.
Étienne Lamy.

Il est quelques rares ouvrages de valeur où l'on trouve exprimées des idées justes et des conseils excellents. De ceux-ci est le livre de M. Biard d'Aunet.
A. Liesse, de l'Institut (Journal des Débats).

M. Biard d'Aunet indique judicieusement la direction qui s'impose aux efforts français dans le domaine économique.
(La Revue de Paris.)

Livre à lire, livre à méditer.
Henri Coulon (Le Rappel).

Chacun peut trouver dans ce livre des armes et des moyens d'agir.
(Excelsior).

Voici un livre consacré à la France d'après guerre. Qui ne voudra l'avoir lu surtout lorsque son auteur, connaissant les questions économiques pour les avoir pratiquées pendant une utile carrière de diplomate, a tenu à traiter tout l'ensemble de ce vaste sujet, les questions politiques exceptées ou plutôt reléguées à l'arrière-plan?...
(Le Rentier).

Il faut lire ces pages écrites par un homme qui nous apparaît connaissant à fond ce dont il parle.
F. Polet (Le Havre).

C'est un clair catéchisme d'action future, et en pleine harmonie avec la tradition et les qualités vitales de la nation... Œuvre de haute portée. Tous les Français que préoccupe l'avenir de notre pays après la guerre devront le lire et le discuter. Aucun ouvrage actuel n'est plus capable de rendre service au pays.   Commandant G. Bourge (Sémaphore de Marseille).

Dans son livre, M. Biard d'Aunet a passé en revue et discute, avec une remarquable lucidité, la plupart des questions économiques qui se poseront après la guerre.
L. Brindeau, sénateur.

G. CLEMENCEAU

LA FRANCE DEVANT L'ALLEMAGNE

In-8.................................. 5 fr.

Lisez les trois cents pages de ce livre qui paraît court, qui donne la sensation d'une marche rapide, d'une montée à l'assaut.
GUSTAVE GEFFROY.

Tous les Français, quelles que soient leurs opinions, y verront le visage ardent de la Patrie, et les Alliés, combattant pour un même destin, les neutres, spectateurs lointains du duel farouche, y trouveront l'image de la France, réveillée brusquement de sa confiance d'hier, et plus belle que jamais aux grands jours de son Histoire.
(Le Temps).

Ce livre permet de juger en pleine connaissance de cause le rôle d'un des hommes politiques qui ont eu en ces dernières années la plus grande influence sur l'opinion française.
(La Revue de Paris).

Ce livre contient des pages tout à fait saisissantes.
(Daily Mail).

C'est toute la pensée française que M. G. Clemenceau exprime dans cet ouvrage, en homme d'Etat, en philosophe, en patriote.
(La Nouvelle Revue).

M. Clemenceau parle, dans ce livre, en patriote clairvoyant et attentif.
(Revue chrétienne).

Campant l'une devant l'autre les deux grandes personnalités morales de la France et de l'Allemagne, M. Clemenceau oppose magistralement les vertus surhumaines les plus pures, les plus hautes, de l'une, à l'appétit monstrueux de l'autre.
(Bordeaux-Colonial).

La France devant l'Allemagne, c'est le livre de l'époque la plus tragique que l'on ait connue, le tableau d'un conflit de civilisation tel que la terre n'en avait jamais vu.
(Commerce et Industrie).

On se souviendra, en France, de la voix prophétique dont l'écho nous arrive par La France devant l'Allemagne, de M. Clemenceau. Cet homme a sauvé son pays en l'avertissant.
(Gazette de Lausanne).

VICTOR BORET

LA BATAILLE ÉCONOMIQUE DE DEMAIN

In-16 .... **4 fr.**

Songeant à l'après-guerre, M. Victor Boret renverse les termes de la proposition bismarckienne et dit fort justement : Après le soldat, le marchand.   LUCIEN DESCAVES.

La bataille économique de demain! Victor Boret en dégage tous les éléments, moraux, politiques, financiers.
              L. LAFFERRE, *Député, ancien Ministre.*

Il convenait que ces choses-là fussent dites, et par un membre du Parlement.   RENÉ GAST (*L'Information.*)

Sous ce titre : *La Bataille économique de demain*, un député qui s'est fait remarquer plusieurs fois à la tribune par des interventions très applaudies dans les discussions d'ordre commercial, M. Victor Boret, a publié un ouvrage fort intéressant, plein d'idées personnelles qui méritent de retenir l'attention.
              EDMOND THÉRY (*L'Économiste européen.*)

La censure a caviardé nos commentaires sur le livre utile de M. Victor Boret.   (*Le Rappel.*)

Avec toute la précision d'un homme d'action, avec toute la sûreté que donne une longue expérience à ceux qui savent observer, M. Victor Boret expose ce que sera le péril de demain, lorsque le marchand germanique prendra dans la bataille la place du soldat casqué.   (*Le Petit Journal.*)

M. Boret donne une liste impressionnante des industries nouvelles, appelées à une prospérité certaine, qui sont à créer dès le lendemain de la guerre.   FRANC (*La Croix.*)

Avec le plus grand souci de ne jamais s'écarter de la vérité, M. Victor Boret émet de très saines idées qui lui ont été inspirées par sa longue expérience commerciale.   (*Paris-Bourse.*)

Le livre de M. Victor Boret est une œuvre courageuse. L'auteur ne craint pas de mettre le doigt sur la plaie et de dire aux uns et aux autres, même aux parlementaires leurs vérités.
              (*L'Union économique de l'Est.*)

M. Victor Boret met en pleine lumière cette idée, dont il faut bien nous pénétrer, que, pour les Allemands, l'étranger reste toujours l'ennemi contre qui l'état de paix ne doit pas interrompre la lutte.   (*Le Monde industriel.*)

L'insistance de M. Boret sur la grande puissance de l'initiative individuelle communique à son livre une haute valeur. Sa carrière est d'ailleurs la preuve qu'il agit tel qu'il le dit.
              A. F. W. (*The New Europe.*)

Nos propres libres échangistes qui sont tout prêts encore à se laisser exploiter par l'Allemagne après la guerre ne sauraient certes trouver des encouragements dans le livre viril de M. Boret.
              (*The Near East.*)

LYSIS

VERS LA DÉMOCRATIE NOUVELLE

In-16... **4 fr.**

POUR RENAITRE

In-16... **4 fr.**

Si un citoyen français a encore envie de dormir après avoir lu *Vers la Démocratie nouvelle*, c'est que la maladie du sommeil est chez lui incurable. A. AULARD.

Vers la Démocratie nouvelle est un livre magnifique. C'est le beau et grand livre de la guerre. HENRI CLOUARD.

Dans *Vers la Démocratie nouvelle*, Lysis aborde les plus vitaux de tous les problèmes. (*Le Gaulois*).

Ces livres sont d'une lecture si claire qu'ils font autour d'une même lumière l'union des mentalités les plus différentes. (*L'Illustration*).

La thèse que soutient *Vers la Démocratie nouvelle* s'impose à l'attention, car le problème dont il s'agit n'est autre que celui de la paix sociale dans la France de demain. (*Revue de Paris*).

Vers la Démocratie nouvelle est un livre de pensées fortes. UN DIPLOMATE (*L'Œuvre*).

Ces livres sont pleins d'idées mûrement réfléchies. (*Lectures pour tous*).

Vers la Démocratie nouvelle est un des livres les plus étonnants et les plus essentiels qui aient été écrits depuis longtemps. (*Revue de l'Enseignement des langues vivantes*).

Les conclusions du livre *Vers la Démocratie nouvelle* constitueront peut-être la charte démocratique de demain. (*New-York Herald*).

Vers la Démocratie nouvelle est un de ces ouvrages qui, répandus et inédités, peuvent changer la mentalité d'une élite. (*L'Ouest-Eclair*).

De tous les ouvrages qui ont paru depuis la guerre, il n'en est peut-être pas un qui fasse autant réfléchir que *Vers la Démocratie nouvelle*. (*Le Courrier de Bayonne et des Pays basques*).

Les pages de *Vers la Démocratie nouvelle* rendent le son dur et clair de la vérité. (*Courrier des Etats-Unis*, New-York).

Vers la Démocratie nouvelle est un des ouvrages les plus remarquables et les plus nécessaires. (*La Gazette de Lousanne*).

www.ingramcontent.com/pod-product-compliance
Lightning Source LLC
Chambersburg PA
CBHW070809270326
41927CB00010B/2356